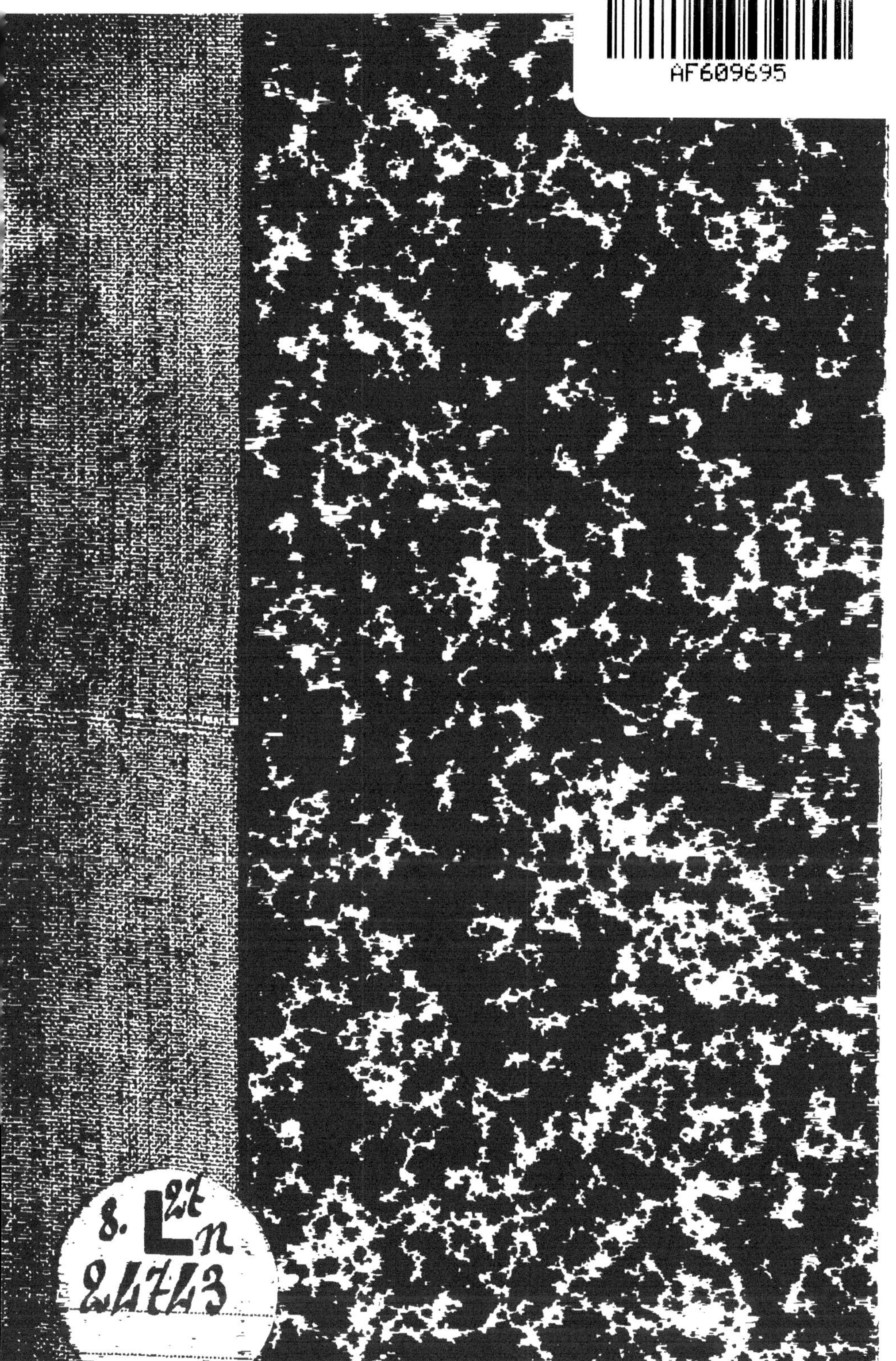

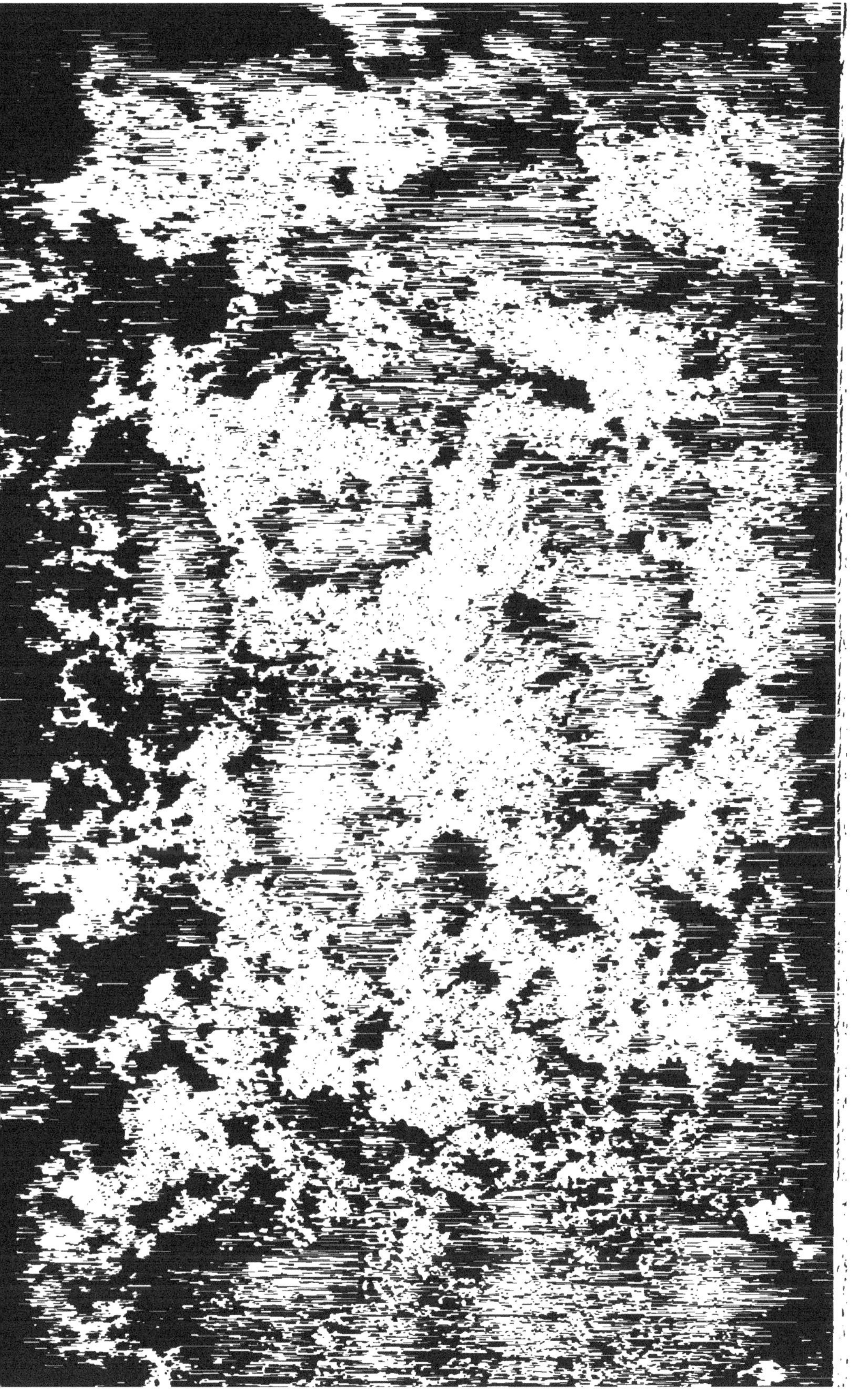

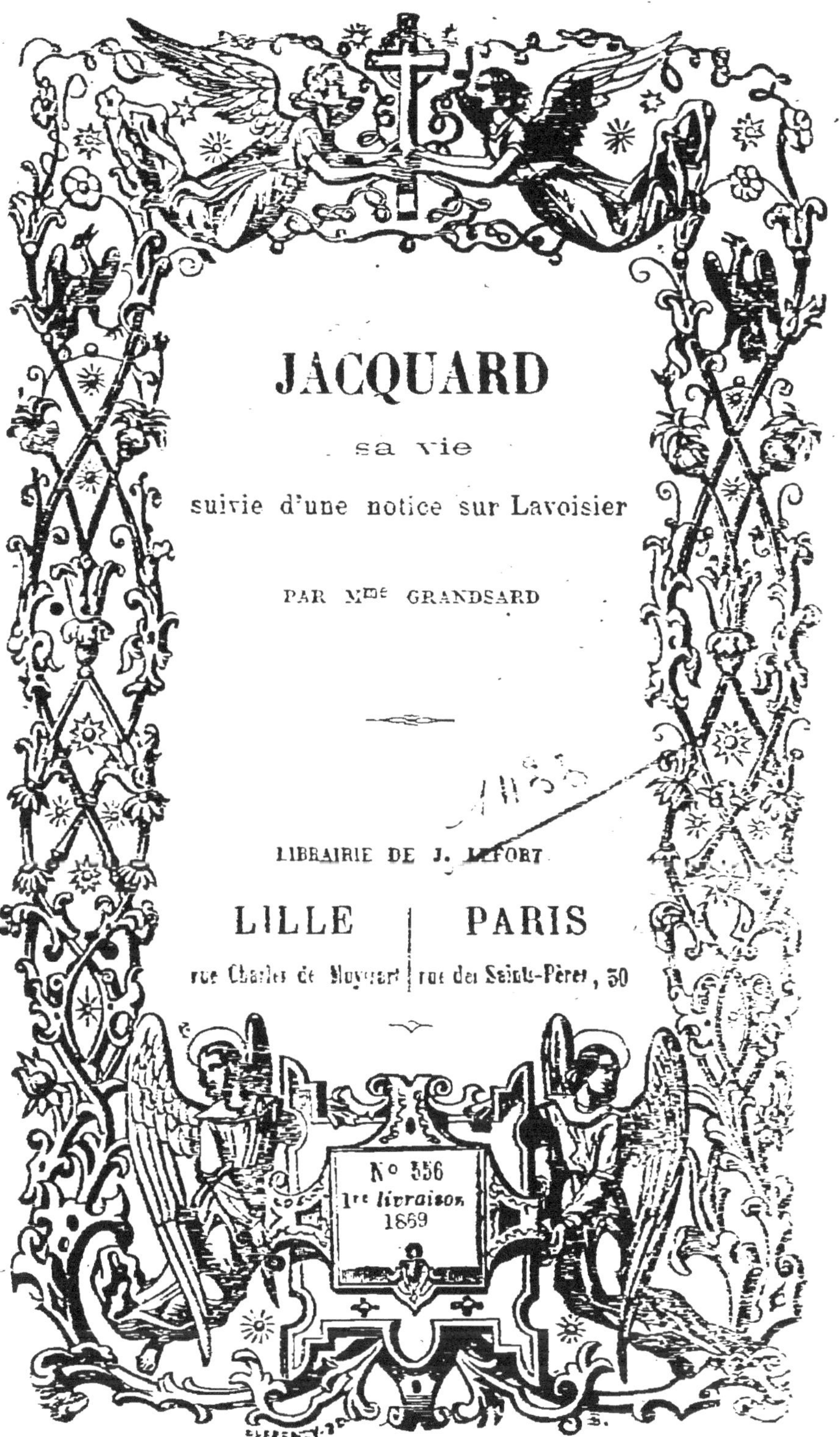

JACQUARD

sa vie

suivie d'une notice sur Lavoisier

PAR Mme GRANDSARD

LIBRAIRIE DE J. LEFORT

LILLE | PARIS

rue Charles de Muyssart | rue des Saints-Pères, 30

N° 556
1re livraison
1869

JACQUARD

In-12 3e Série *bis.*

J. Lefort, Éditeur

Lith. Boldoduc fr. à Lille

JACQUARD.

JACQUARD

SA VIE

SUIVIE D'UNE

NOTICE SUR LAVOISIER

PAR A. GRANDSARD

LIBRAIRIE DE J. LEFORT
IMPRIMEUR ÉDITEUR

LILLE
rue Charles de Muyssart, 24

PARIS
rue des Saints-Pères, 30

JACQUARD

I

Vers le milieu du siècle dernier, on aurait pu remarquer, dans l'une des plus importantes fabriques de Lyon, un jeune garçon de huit à neuf ans, dont le petit corps chétif semblait souffrir beaucoup du pénible travail qui lui était imposé.

Accroupi sous le métier, l'enfant rattachait les fils brisés pendant que l'ouvrier s'avançait activement dans sa trame.

« Courage, Joseph, courage! » répétait de

temps en temps ce dernier, d'un ton de voix qui prouvait bien que les fatigues du pauvre petit lui navraient le cœur.

Alors l'enfant réunissait tous ses efforts pour continuer sa tâche; puis, un instant après, il relevait vers l'ouvrier son front baigné de sueur, comme s'il eût cherché à l'émouvoir par la vue de sa faiblesse.

« Que ne puis-je me passer de toi, mon pauvre petit! reprenait le tisseur, je te dirais : prends un quart d'heure de repos, car tu en as grand besoin; mais il me faudrait suspendre aussi mon travail, et, à la fin de la journée, ce temps perdu nous serait déduit.

— Ah! je veux travailler toujours, père, soupira l'enfant; je veux que nous rapportions à ma mère assez d'argent pour qu'elle puisse acheter ses provisions, car elle est si triste quand nous manquons de quelque chose. »

Une caresse furtive du père dans les longs cheveux de son fils, qui déjà s'était recourbé à ses pieds pour rattacher les fils, venait alors applaudir à la louable résolution du courageux enfant et le réconfortait pour longtemps.

L'ouvrier tisseur se nommait Jean-Charles Jacquard.

Pieuse et active, sa femme Antoinette parvenait à remplir fidèlement ses devoirs religieux, tout en gagnant un franc par jour et en tenant son ménage dans un ordre parfait. Elle s'était d'abord opposée à ce que son fils se rendît à la fabrique; mais son mari lui ayant fait observer que l'enfant devait prendre de bonne heure des habitudes laborieuses, puisqu'il était comme eux condamné à vivre du travail de ses mains, elle avait consenti enfin à le laisser aller.

Cependant, quand, après sa pénible journée, le petit Joseph revenait vers sa mère, le visage pâle et le corps exténué, la digne femme soupirait douloureusement et mêlait souvent des larmes bien amères à ses caresses maternelles.

Avec quel empressement ne lui servait-elle pas, ainsi qu'à son mari, le modeste repas qu'elle leur avait préparé, surtout lorsque à force d'économie, elle était parvenue à leur acheter une bouteille de bon vin!

Joseph paraissait renaître peu à peu à la vie dès qu'il se voyait ainsi l'objet des soins affectueux de sa bonne mère. Son teint se colorait, ses yeux intelligents reprenaient leur éclat, et une douce gaîté finissait par remplacer sur ses traits l'expression morne et triste qu'ils avaient à son retour de l'atelier.

« Regarde-moi ce garçon-là, chère femme, et conviens que tu aurais tort de t'inquiéter encore au sujet de sa santé, » disait alors Jacquard. Mais le cœur d'une tendre mère ne se rassure pas si volontiers.

Depuis longtemps Antoinette suivait avec effroi les progrès du dépérissement de son fils; elle savait que la nuit sa respiration était haletante et qu'une agitation fiévreuse s'emparait de lui dès qu'il commençait à sommeiller : aussi ne répondit-elle que par de pénibles soupirs aux consolantes paroles que lui adressait son mari.

« Je sais que tu aimes à te tourmenter, ma pauvre amie, reprenait ce dernier, mais l'avenir se chargera, je l'espère, de te prouver que notre cher petit Joseph n'est pas si faible que tu te l'imagines. »

Et le courageux enfant, quoiqu'il sentît bien

que sa mère avait raison, retournait le lendemain à la fabrique, et y passait de nouveau la journée à rattacher, sous le métier de son père, tous les fils qui venaient à se briser.

Cependant, un matin, il lui fut impossible de se lever. Ses jambes fléchissaient sous lui, et il éprouvait à la tête d'intolérables douleurs.

Charles Jacquard reconnut seulement alors qu'il avait abusé du courage de son fils, et en parut profondément affligé. Il se rendit néanmoins à la fabrique, afin de ne point perdre son salaire ; car, plus que jamais, ce modique salaire allait devenir indispensable au pauvre ménage, et la tendre mère s'installa au chevet de son cher enfant, bien résolue à y passer les jours et les nuits tant qu'elle ne l'aurait pas arrachée à la cruelle maladie dont il semblait être menacé.

Le malheur n'affaiblit pas l'âme pieuse ; il semble même qu'elle puise à cette source une force nouvelle pour s'élever dans l'amour du Dieu crucifié et se soumettre à son immuable volonté. Personne n'aurait pu douter de cette vérité sainte à la vue de cette digne femme qui, prosternée près de son fils malade, implorait avec lui la miséricorde divine et se résignait d'avance à ce qu'ordonnerait cette éternelle sagesse.

Après avoir remis ainsi son enfant sous la protection de Dieu, elle commença avec calme et confiance à lui prodiguer les soins que lui dictait son cœur. Cette journée de repos, cette douce figure qui rayonnait autour du jeune malade avec ses ineffables tendresses, ces potions calmantes qui lui étaient présentées d'heure en heure par la main chérie de sa mère, tout cela produisit sur lui un effet si merveilleux que la fièvre l'avait presqu'entièrement quitté lorsque Jacquard revint le soir de l'atelier.

La première pensée du brave ouvrier, en apercevant l'heureux changement opéré en son fils, fut de remercier le Ciel de sa miséricordieuse protection; ensuite il attira son petit Joseph dans ses bras et le couvrit de baisers et de larmes.

« Ecoute, mon ami, lui dit Antoinette quand

elle eut servi le souper. Dieu est bon, il ne nous enlèvera pas ce cher enfant qui est notre seule joie en ce monde; mais il faut que nous répondions à son adorable bonté en ne l'offensant plus comme nous l'avons fait depuis près d'un an.

— Explique-toi, chère femme, repartit Jacquard; je ne comprends pas bien encore où tu veux en venir.

— Je veux dire, mon ami, que nous commettions sûrement une grande faute aux yeux de Dieu en condamnant notre pauvre enfant à un travail au-dessus de ses forces. Il faut donc que nous songions sérieusement à lui créer pour l'avenir une position en rapport à la faiblesse de sa constitution.

— C'est bien là ce que je rumine dans mon esprit depuis ce matin, répondit tristement l'ouvrier; mais nous sommes si pauvres que nous n'avons pas grand choix à faire parmi les positions.

— Ne pourrions-nous pas chercher à le faire entrer dans un atelier de reliure? reprit Antoinette. Comme c'est un métier qui demande plus d'adresse que de force, notre intelligent petit Joseph s'y distinguerait un jour, j'en suis bien persuadée.

— Hélas, je crains bien qu'aucun maître relieur ne se soucie de prendre chez lui notre pauvre enfant! soupira Jacquard.

— Je me charge de l'affaire, mon ami, repartit la digne femme. Dès demain je commencerai mes démarches, et je ne doute pas qu'à ton retour de l'atelier, je n'aie une bonne nouvelle à t'apprendre. »

II

Quelques jours après, le petit Joseph Jacquard se rendait joyeux à l'atelier d'un relieur qui l'avait admis comme apprenti.

Penchée à la fenêtre, sa bonne mère le contemplait d'un œil attendri, et murmurait, comme si le jeune homme eût pu l'entendre encore : « Va, cher enfant, que la grâce de Dieu t'accompagne et t'inspire un zèle persévérant pour ta nouvelle profession, et je serai heureuse de te voir enfin soustrait au pénible sort qui semblait devoir être à jamais ton partage. »

A son retour Joseph parut enchanté de ses occupations de relieur. Il continua à s'y livrer avec une ardeur croissante et une intelligence si remarquable qu'en moins de quatre ans le patron le citait comme le meilleur ouvrier de son atelier et récompensait son zèle par un salaire assez élevé.

Heureux des succès de leur fils chéri et surtout de l'excellente santé dont il jouissait depuis qu'il avait quitté la fabrique, l'honnête Jacquard et sa digne femme ne cessaient de remercier le Ciel des bénédictions qu'il avait daigné répandre sur leur modeste intérieur, et s'efforçaient de s'en rendre dignes par une piété fervente et la pratique des vertus.

Les exemples de parents si vertueux ne pouvaient manquer de fructifier abondamment dans un cœur tel que celui de Joseph : aussi n'estimait-il que les joies pures de la famille et fuyait-il avec soin les parties de plaisir que lui proposaient parfois ses camarades d'atelier.

Cependant, comme le bonheur n'est pas de ce monde, Joseph Jacquard ne devait pas tarder à être cruellement éprouvé dans ce qu'il avait de plus cher. Son père et sa mère tombèrent malades presque en même temps, et le mal fit de tels progrès qu'en moins d'une semaine leur vie fut sérieusement en péril.

Dès le premier jour, Joseph avait quitté l'atelier pour venir s'installer auprès de ses parents, et, ayant demandé de l'ouvrage à son patron, il s'était mis à travailler sans relâche, tout en entourant ses deux chers malades des soins les plus tendres et les plus empressés.

Tant qu'une lueur d'espoir brilla au cœur du courageux jeune homme, il accomplit sa double tâche avec la même activité et le même dévouement; mais le médecin lui ayant déclaré un jour qu'il ne devait plus espérer, il s'affaissa sur lui-même, et conserva à peine assez de force pour continuer ses fonctions de garde-malade.

Nous ne dépeindrons pas dans ses navrants détails cette double agonie à laquelle dut assister le pauvre Joseph. Nous nous bornerons à dire que, malgré les divines consolations de la religion et les paroles d'espérances éternelles que lui adressèrent ses pieux parents à l'heure solennelle de la séparation, il sentait en son âme un tel accablement qu'il croyait parfois ne pouvoir survivre à un si cruel malheur.

Orphelin à seize ans, il comprit dès lors tout le sérieux de la vie, et s'appliqua plus que jamais à mettre en pratique les sages conseils et les pieux exemples que lui avaient donnés ses vertueux parents.

Bien résolu à vivre toujours éloigné des vains plaisirs que recherche la jeunesse, il loua une petite chambre, y rangea les modestes meubles qu'avait si longtemps entretenus la main bénie de sa bonne et diligente mère, et retourna à son atelier pour s'y livrer de nouveau à ses laborieuses occupations.

Chaque soir, il rentrait seul dans sa chambre, y préparait ses repas pour toute la journée du lendemain, et quand il avait suffisamment réparé ses forces, il se remettait au travail jusqu'à l'heure où il avait coutume d'élever son âme vers Dieu pour lui adresser sa prière.

Puis il s'endormait sous le regard du Seigneur, et bien souvent il revoyait en rêve ce bon père et cette mère chérie qui naguère applaudissaient par de si doux sourires à son humble et vertueuse conduite.

Quatre années s'écoulèrent ainsi pour Joseph

Jacquard : s'étant amassé une somme assez ronde par son travail et son économie, il quitta son état de relieur, et entreprit une petite fabrique de chapeaux qui prospéra bientôt au delà de toute espérance.

Alors il songea à se marier, car le doux souvenir qu'il conservait de sa vertueuse mère lui faisait espérer les joies d'intérieur qu'il avait vues autrefois embellir et consoler le pauvre ménage de ses parents.

Son cœur ne se trompa point dans ce choix, et bientôt il crut revoir la douce image de celle qu'il regrettait dans la bonne et pieuse femme à laquelle il s'était unie.

Une année s'était à peine écoulée, qu'un charmant enfant vint augmenter le bonheur des deux époux, dont les affaires continuaient à prospérer de manière à rendre jaloux tous les chapeliers du voisinage.

Rien n'était plus édifiant à voir que cet intérieur où la foi et la vertu régnaient en souveraines et dictaient à chacun les devoirs qu'il avait à remplir.

Aimé et vénéré par ses nombreux ouvriers,

Jacquard n'avait jamais qu'à se féliciter de leur activité et de leurs travaux ; car tous mettaient le plus haut prix à son approbation ; et si quelque désordre se glissait dans la conduite de l'un d'entre eux, le prudent patron adressait des reproches si paternels qu'on s'empressait de se rendre à la sagesse de ses observatiens.

De son côté, Mme Jacquard, qui était spécialement chargée de la vente, avait avec les acheteurs des rapports si consciencieux et si bienveillants, que c'était toujours avec la plus entière confiance qu'ils se présentaient à son comptoir.

Elle aussi avait à diriger un atelier d'ouvrières pour l'achèvement des marchandises, et à l'exemple de son mari, elle veillait avec un zèle maternel et chrétien à la moralité de toutes ces jeunes filles qui lui étaient confiées par la Providence.

Il n'y avait donc rien d'étonnant à ce qu'une maison si sagement organisée vît croître de jour en jour son bonheur et sa prospérité.

En mémoire de son digne père, Joseph Jacquard avait donné à son fils le nom de Charles.

Jamais enfant ne montra de plus heureuses dispositions.

Charles avait à peine quatre ans, lorsque son père se décida à faire l'acquisition d'une jolie maison, où s'installa aussitôt la petite famille, à la grande joie du cher enfant, qui dès lors pouvait s'ébattre à l'aise dans la grande cour dont se trouvait avoisinée la nouvelle demeure de ses parents.

Ce fut dans cette jolie maison que Charles grandit sous la sage direction de son père et de sa mère, et assista à la plus profitable des écoles, celle des vertus domestiques ; ce fut là que Joseph Jacquard et sa digne épouse vécurent pendant quinze années aussi heureux que possible.

III

Malheureusement la révolution de 89 ne devait pas tarder à faire entendre sa voix menaçante. Dès les premiers cris d'alarme, Jacquard secoua la tête en regardant son fils qui pouvait être appelé avant peu à faire partie de l'armée, et de sombres nuages commencèrent alors à planer sur le paisible intérieur de ces braves gens.

La mère pleurait et priait, le père n'avait plus le courage de travailler, et le fils se préparait en secret aux événements, se disant qu'il devait être prêt à se conduire avec honneur, dans le cas où la patrie réclamerait son bras.

Cette époque approchait.

Quelques mois plus tard, un jeune homme, le sac sur le dos, disait adieu à ses parents désolés, pour se rendre sans retard à Paris.

Ce jeune homme était le fils de Joseph Jacquard.

La bastille venait d'être démolie; le trône de Louis XVI chancelait, et la France s'agitait sourdement comme une vaste mer au moment de la tempête.

« Que Dieu te protége, pauvre cher enfant! s'écria douloureusement Jacquard, quand son fils vint se jeter une dernière fois dans ses bras.

— Qu'il soit ton bouclier au milieu du péril! » reprit la tendre mère en étendant ses deux mains au-dessus de la tête du jeune homme, comme pour le préserver par sa maternelle bénédiction.

Puis le jeune conscrit s'éloigna d'un pas rapide, et les parents rentrèrent, le cœur navré, dans leur maison déserte.

Après le départ de son fils, Jacquart négligea de plus en plus ses affaires commerciales. Absorbé par la pensée des dangers auxquels son cher enfant était sans cesse exposé, il passait des journées entières sans avoir le courage de visiter son atelier, et sa pauvre femme, plus accablée, plus souffrante encore, se voyait forcée de confier son magasin à des mains étrangères.

Tous les chapeliers du voisinage se réjouissaient de voir ainsi ébranlée sur ses bases une maison dont ils avaient été si jaloux durant vingt années, et ne négligeaient rien pour faire perdre au malheureux Jacquard la confiance et le crédit dont il avait joui jusqu'alors.

Le plus acharné contre l'honnête Jacquard était son plus proche voisin. Il se nommait Pierre Cotard. Chargé d'une nombreuse famille, au milieu de laquelle régnaient la désunion et le désordre, il ne s'était soutenu à la vérité qu'avec beaucoup de peine; mais au lieu de songer à réformer la mauvaise organisation de sa maison, il avait trouvé plus commode d'attribuer à Jacquard la non-réussite de son commerce : aussi, depuis longtemps, n'attendait-il plus qu'une occasion favorable pour se venger de celui qu'il citait hautement comme l'auteur de toutes ses infortunes.

Cependant, malgré les sinistres prévisions des

ennemis de l'honnête Jacquard, sa position continuait à se soutenir avec honneur. Touchés profondément de l'état de souffrance dans lequel ils voyaient leur cher patron, tous ses ouvriers s'étaient dit qu'ils devaient redoubler de zèle et d'activité pour que les affaires de la maison ne se ressentissent point des fréquentes absences du maître. Tous étaient demeurés fidèles à cette louable décision, si bien que les époux Jacquard se reposaient maintenant sur eux du soin de leur commerce.

Mais s'ils vivaient en sécurité au sujet de leurs affaires, il n'en était pas ainsi à l'égard de leur fils. Les semaines, les mois, les années s'écoulaient, sans apporter le moindre adoucissement à leurs incessantes angoisses.

Des lettres écrites de la main même du jeune soldat venaient bien parfois les rassurer un peu; mais le lendemain ne pouvait-il pas être le jour fatal où ils apprendraient sa mort? Cette crainte les torturait sans cesse, et il leur fallait toute leur confiance en la protection divine, pour ne point succomber sous le poids de leurs inquiétudes.

Pour comble de malheur, des troubles commençaient à éclater dans la ville de Lyon, et tout y faisait pressentir l'approche de terribles événements.

« Surtout ne te mêle à aucun parti, mon ami, recommandait Mme Jacquard chaque fois que son mari sortait de la maison. Les esprits paraissent si exaltés en ces temps de révolution. que la moindre parole imprudente pourrait devenir fatale à celui qui la prononcerait.

— Ne sommes-nous pas déjà assez malheureux d'avoir notre fils engagé dans cette effroyable tempête pour que j'aille encore m'exposer à en être victime, répondit-il avec tristesse. Sois donc tranquille à ce sujet, chère femme ; je te promets d'éviter même la conversation de mes meilleurs amis. »

Pauvre Jacquard! il ignorait que là, près de sa porte, se trouvait un homme qui ne pouvait le voir passer sans qu'un torrent de haine débordât de son cœur. Cet homme, nous l'avons deviné, c'était Pierre Cotard. Un jour que Jacquard venait de passer près de lui en le saluant comme d'habitude, il rentra dans son magasin où se trouvaient réunis plusieurs chapeliers du quartier, et s'écria avec violence :

« Vous avez vu comme il vient de me saluer, le lâche, le fourbe, le poltron ! il doit cependant bien savoir que je le hais ; mais il me craint, maintenant que l'heure de la vengeance approche. Le dénoncer comme suspect sera la chose la plus facile du monde, car il a vraiment la mine d'un espion, avec sa tête à demi-baissée sur sa poitrine, et ses yeux qui vous regardent en dessous. Qu'en dites-vous, citoyens, êtes-vous prêts à me seconder dans cette affaire dès que les temps nous seront devenus propices. »

Un bravo général accueillit l'éloquente harangue de Pierre Cotard, qui aussitôt offrit à ses dignes confrères de les conduire au cabaret voisin, ce qui fut accepté par tous avec le plus joyeux empressement.

IV

Depuis plusieurs semaines les Lyonnais refusaient de se rendre, malgré les menaces qui leur étaient faites par le général de l'armée républicaine, quand un matin, c'était le 24 août 1793, les bruits formidables d'un grand nombre de pièces de canons se font entendre aux portes de la ville; les cris *Aux armes!* leur répondent à l'intérieur, et des gémissements plaintifs se mêlent de toutes parts à cet orage menaçant... Lyon était en état de siége.

Bientôt des flammes s'élèvent dans les principaux quartiers et s'y répandent avec une telle fureur, qu'en moins de quelques heures ils étaient complétement dévorés.

Eperdu, Jacquard s'était précipité au milieu d'une mêlée qui s'agitait dans la rue, lorsque les cris *Au feu, au feu!* lui firent tourner la tête du côté de sa maison... O stupeur!... déjà elle se trouvait enveloppée dans un immense incendie qui venait d'éclater à l'extrémité de la rue.

Il songe à sa femme et s'élance à son secours : mais il n'a pas fait trente pas, qu'il la voit accourant vers lui, le visage égaré et les mains levées vers le ciel.

« Sauve-toi! sauve-toi! ils veulent t'arrêter! s'écria-t-elle. Je les ai entendus, ils t'ont dénoncé comme suspect, toi mon pauvre digne homme!... »

Puis, suffoquée par l'effroi, elle tomba à demi-morte dans les bras de son mari, qui l'emporta aussitôt, pour la déposer chez un de ses parents, dont la maison était située dans un quartier éloigné.

« Fuis, mon brave, fuis ou tu es perdu! lui cria un de ses amis qui s'était élancé sur ses traces. Mets ta malheureuse femme en sûreté, et sors promptement de la ville, car les chapeliers de ta rue t'ont dénoncé, et l'on te cherche pour t'arrêter. »

Jacquard remercia son ami de sa sollicitude, et tenant toujours sa femme dans ses bras, il gagna rapidement la demeure de son parent.

« Ma maison est en cendres!... Je suis poursuivi, dit-il tout en déposant à la hâte son cher fardeau sur un lit. Ayez pitié d'elle, je vous la confie, soignez-la, consolez-la; j'ignore quand il me sera permis de rentrer Lyon.

Et, après avoir embrassé le front encore inerte de la pauvre malade, il sortit en se demandant de quel côté il devait diriger ses pas. Mais, songeant tout à coup à son fils qui se battait à Cambrai contre les Autrichiens, son parti fut bientôt pris.

Rejoindre le jeune soldat et prendre les armes à ses côtés, tel fut le projet que conçut ce noble cœur, auquel le sentiment paternel et l'amour de la patrie semblaient en ce moment redonner toute la vigueur de la première jeunesse.

Lorsqu'il sortait de Lyon pour se diriger

vers la route du nord, le bombardement continuait son œuvre de destruction avec une telle violence que le sol semblait trembler sous les pieds. Jacquard jeta un dernier regard sur cette malheureuse ville où il était né et où il laissait une femme chérie et deux tombes vénérées.

Malgré la longueur du voyage, Jacquard ne se découragea pas un instant.

Cependant le pauvre Jacquard ne put se défendre d'un mouvement de stupeur quand, en arrivant dans les environs de Cambrai, il s'aperçut de l'infériorité que les troupes françaises avaient en ce moment sur les troupes ennemies.

Les approvisionnements n'ayant pas été faits avec exactitude, nos soldats commençaient à douter du succès et ne déployaient plus leur valeur habituelle pour repousser les Autrichiens. Jacquard ne faiblit point pour cela dans sa résolution de prendre les armes dès qu'il aurait retrouvé son fils.

« Plus le péril est grand, se dit-il, plus je dois mettre d'empressement à me joindre à tous ces braves qui depuis si longtemps se dévouent à la défense de notre malheureuse patrie. »

Il s'informa donc aussitôt de la position qu'occupait le régiment de son fils, s'y rendit à la hâte, et après des recherches, il parvint à découvrir son enfant au milieu d'un bataillon serré que repoussait l'ennemi avec un courage inouï.

S'étant assis sur un tertre élevé, Jacquard s'y tint immobile et attendit ainsi jusqu'à la nuit, le cœur palpitant et l'œil anxieusement fixé sur le grand et terrible spectacle qu'il avait devant lui.

Rien ne saurait peindre l'émotion qu'éprouva Charles, lorsque, au retour du combat, il se trouva dans les bras de son père et apprit de lui tous les malheurs dont sa famille venait d'être victime.

Parfois il contemplait en pleurant cette tête vénérable dont les cheveux avaient blanchi avant l'âge, et il se demandait comment la calomnie avait pu se décider à se poser sur un front si pur; parfois il pressait sur sa poitrine cette tête chérie, où la souffrance avait laissé de si profondes empreintes, et les paroles les plus affectueuses, les plus consolantes débordaient de son cœur pour retomber en rosée bienfaisante dans la pauvre âme de son père bien-aimé.

Puis il s'informait de sa bonne mère dont il avait gardé le plus touchant souvenir, faisait des vœux ardents pour le rétablissement de la paix dans sa chère ville de Lyon, et pour la réunion prochaine de ses vertueux parents dans cette grande et active cité où ils avaient joui autrefois de tant d'années heureuses.

Ainsi s'écoula, pour ce bon fils et son digne père, la première nuit qu'ils passèrent ensemble et tous deux éprouvaient un tel bonheur dans ces tendres épanchements, qu'ils semblaient avoir complétement oublié qu'au premier rappel ils devaient prendre part à de nouveaux combats.

V

Quelques heures après, Jacquard était inscrit comme volontaire et combattait aux côtés de son fils, avec le courage d'un père qui est heureux de partager les périls de son enfant et qui espère pouvoir le protéger dans les circonstances difficiles.

Nous ne dépeindrons pas les terribles scènes auxquelles nos deux héros assistèrent dans cette guerre qui à chaque instant semblait devoir être désastreuse pour les Français ; nous dirons seulement que pendant six mois ils prirent part à toutes les luttes sanglantes qui eurent lieu et qu'ils firent preuve l'un et l'autre de la plus grande valeur en différentes occasions.

Malheureusement l'heure fatale de la séparation ne devait pas tarder à sonner pour ces intrépides guerriers, qui semblaient n'avoir qu'un même cœur pour aimer la patrie, qu'un même bras pour la défendre.

Un jour, l'armée ennemie paraît s'avancer avec plus de puissance encore que jamais. « En avant, mes braves, en avant! s'écrie vivement le général français : — En avant! répète Jacquard, en encourageant du regard et son fils et un jeune lyonnais qui se trouvait à sa droite....

Hélas ! à peine a-t-on fait quelques pas, que le malheureux père voit tomber à ses côtés ses deux jeunes compagnons.

Faisant appel à toute son énergie, il parvint aussitôt à surmonter assez son accablante douleur pour porter à l'écart les deux blessés, et se mit à les panser, quoique déjà les ombres de la mort se fussent répandues sur leurs fronts.

« Parle-moi, mon Charles, mon fils chéri! » s'écriait le pauvre père, en couvrant de baisers et de larmes le visage inerte de son enfant, comme s'il espérait que ses ardentes caresses parviendraient à ranimer le léger souffle de vie qui restait encore à ce cher enfant : mais une plainte étouffée suivie d'un douloureux soupir ne tarda pas à convaincre le malheureux Jacquard de l'inutilité des soins qu'il prodiguait à son fils.

— Mort ! . . . murmura-t-il avec un accent déchirant. O mon Dieu, donnez-moi la force de supporter ce cruel malheur ! »

Une voix mourante s'étant fait entendre en ce moment près de ce pauvre père désolé, il se précipita vers le jeune lyonnais qui venait de reprendre ses sens, et parut un instant oublier son immense douleur, dans l'espoir d'arracher à la mort son jeune et malheureux compatriote.

« Pour ma mère, » balbutia péniblement le blessé en tendant à Jacquard un petit portefeuille qu'il venait de tirer de sa poche. Puis sa voix s'éteignit, et ses yeux se refermèrent à jamais.

Eperdu, le pauvre père revint vers le cadavre de son enfant, et sans s'inquiéter s'il s'exposait à être condamné comme déserteur, il le prit dans ses bras, et s'enfuit d'un pas rapide dans la direction d'une forêt déserte que l'on apercevait au loin.

La nuit commençait à étendre ses voiles sur la terre, lorsque Jacquard arriva dans le lieu qu'il avait choisi pour y creuser une tombe à son fils. Une bise glaciale gémissait dans les rameaux dépouillés de l'immense forêt, et dans le lointain, les bruits formidables du canon continuaient à se faire entendre comme de sinistres échos qui de temps en temps venaient faire tressaillir le malheureux père et lui arrachaient les plaintes les plus déchirantes.

« Cette journée de deuil et de désolation n'a-t-elle donc point fait encore assez de victimes? murmurait-il, tout en creusant avec peine la fosse où il allait déposer la dépouille de son fils. Mon cœur brisé aurait besoin de recueillement et de prière, et voilà que ces bruits meurtriers me poursuivent jusque dans cette sombre forêt et renouvellent sans cesse ma douleur... » La voix du pauvre père s'éteignit dans les larmes en prononçant ces dernières paroles, et des gémissements entrecoupés s'échappèrent avec angoisse de sa poitrine.

Quand son lugubre travail fut terminé, il s'agenouilla près du corps de son fils, qu'éclairait depuis un instant un pâle rayon de la lune, et, levant son regard vers le ciel, il pria longtemps pour le repos de cette jeune âme, qu'il avait vue naguère s'épanouir sous ses yeux comme un beau lis enbaumé du parfum des plus nobles vertus.

Fortifié par ce saint épanchement de son cœur dans le cœur du Dieu de miséricorde, il se sentit enfin le courage de soulever daus ses bras le cadavre de son enfant, et de le descendre dans la tombe qu'il avait si péniblement creusée. Alors il le recouvrit de terre, s'agenouilla de nouveau pour prier et pleurer; puis la lune éclairant tout à coup le tronc de l'arbre qui dominait le tombeau solitaire, il se mit à graver avec son couteau une croix profonde sur l'écorce de cet arbre qui, dans quelques mois, allait protéger de son frais ombrage les restes bénis de son fils bien-aimé.

Enfin, s'étant penché une dernière fois sur l'humble tombe qu'il ne devait peut-être jamais revoir, il l'arrosa de ses larmes, les bénit au nom du Père, du Fils et de l'Esprit-Saint, puis s'éloigna au hasard, ne sachant encore à quel parti il devait s'arrêter.

Bien résolu cependant à ne plus prendre les armes, il eut soin de s'enfoncer dans la campagne, de manière à pouvoir gagner la grande route de Cambrai, sans risquer d'être aperçu des soldats français, et arriva ainsi à une petite ferme isolée, où déjà brillait un bon feu, quoiqu'il fût à peine quatre heures du matin.

Il frappa timidement à la porte; une jeune fille vint ouvrir. En apercevant l'uniforme du visiteur, la pauvre enfant fit un mouvement d'effroi; mais dès que celui-ci lui eut dit quelques paroles en français, elle fut convaincue qu'elle n'avait point affaire à un ennemi et lui offrit l'hospitalité avec empressement.

Placer un siége près du foyer, et poser sur la table une soupe, du fromage et du pain, fut pour la jeune ménagère l'affaire d'un instant.

« Mes parents dorment encore, dit-elle, mais heureusement, j'avais déjà préparé le déjeuner; ne vous gênez donc pas, car vous paraissez avoir grand besoin de vous réconforter un peu. »

Jacquard remercia la bonne jeune fille avec la plus vive reconnaissance, et, s'étant approché de la table, il s'efforça de prendre quelque nourriture, pour réparer ses forces et raffermir un peu sa tête affaiblie par tant de souffrances.

Peu à peu les idées se réorganisèrent dans son esprit, et il reprit assez d'énergie pour se décider à retourner sans retard vers sa ville natale, et essayer d'y rentrer, afin de s'y réunir à sa pauvre chère femme qui seule lui restait en ce monde.

VI

Le trajet parut bien long au pauvre voyageur et lui fut parfois bien pénible ; cependant, soutenu sans cesse par l'espoir d'embrasser bientôt la chère compagne de ses souffrances, il arriva, après trois jours de marche, à un petit village situé à une demi-lieue de Lyon. Jugeant à propos d'y attendre la nuit, de peur de faire quelque rencontre qui pût être fatale à ses projets, il entra dans une modeste auberge, et eut la satisfaction d'apprendre de l'aubergiste, que la paix était complètement rétablie dans la ville, que la plupart des maisons brûlées y avaient été relevées, que les manufactures commençaient à reprendre leur activité habituelle.

Ces renseignements rassurèrent un peu le cœur souffrant du malheureux Jacquard ; mais ce ne fut pas sans éprouver une cruelle inquiétude qu'il s'approcha des portes de sa ville natale.

Comment allait-il s'y prendre pour faire connaître à sa pauvre femme la terrible nouvelle de la mort de son fils ?

Il se faisait cette question en tressaillant d'épouvante, et déjà il croyait voir cette chère femme tomber mourante dans ses bras comme en ce jour d'effroyable mémoire, où elle était accourue vers lui pour le supplier de fuir.

Ayant reçu d'elle plusieurs lettres, il savait qu'elle demeurait toujours chez le parent auquel il l'avait confiée ; il prit donc cette direction, en ayant soin pourtant de faire un léger détour afin d'arriver sans être aperçu, et de se faire annoncer avec toutes les précautions nécessaires ; car il craignait que son apparition subite ne produisît une secousse trop violente sur celle qui n'avait cessé de pleurer son absence.

Mais à peine approchait-il de la maison de son parent, qu'une voix bien connue prononça son nom avec un accent de bonheur si pénétrant qu'il en fut remué jusqu'au fond de l'âme.

« Comment cette pauvre amie a-t-elle pu ainsi deviner ma présence? se demanda-t-il avec surprise, et il s'élança vivement vers l'escalier.

— Ah! tu me reviens enfin, mon cher et digne homme! s'écria Mme Jacquard dès qu'elle se trouva dans les bras de son mari. Que Dieu soit mille fois béni, puisqu'il t'a préservé de tout accident!

— Je savais bien que c'était lui, » dit en ce moment une belle jeune fille d'une douzaine d'années qui accourait avec son père et sa mère. Je l'ai bien reconnu, moi, quand il s'est arrêté devant la fenêtre, et on ne voulait pas me croire! »

Le voyageur attira à lui la tête blonde de l'aimable enfant, l'embrassa avec tendresse, serra affectueusement la main à ses parents, et suivit ensuite toute la famille dans une salle basse où se trouvait servi le repas du soir.

« Tu arrives à temps, tu le vois, mon cher Joseph, dit gaiement le maître de la maison. Mettons-nous à table, et quand tu te seras un peu restauré, tu nous raconteras au long tes aventures guerrières.

— D'abord, dis-moi bien vite comment se porte notre enfant, reprit vivement Mme Jacquard en s'asseyant près de son mari, reviendra-t-il bientôt aussi? parle-moi de lui, raconte-moi tout ce qu'il t'a chargé de me dire, car il est si bon, qu'il ne peut avoir oublié sa mère.

— Patience! ma bonne amie, je te dirai tout plus tard, » répondit le voyageur d'une voix qu'il s'efforçait en vain de raffermir; je suis si fatigué que je ne me sens pas la force de parler sans avoir pris un peu de nourriture.

La pauvre femme parut d'abord accepter l'excuse de son mari; mais, ayant examiné avec attention le visage atterré de ce dernier, elle s'écria tout à coup avec l'accent de l'angoisse la plus vive : « Tu me caches quelque chose, mon ami, tu ne saurais m'abuser davantage..... mon fils! qu'est devenu mon enfant?... serait-il blessé?... mort?... mon Dieu, mon Dieu, épargnez-moi! » Et ses yeux s'arrêtèrent fixement sur son mari, comme si elle eût essayé de deviner sa réponse avant qu'il l'eut prononcée.

— Du courage, chère femme, du courage, murmura Jacquard en sanglotant.

— Mort !... mon fils est mort !... reprit la malheureuse mère avec égarement. Quoi ! je devrais perdre à jamais l'espérance de le revoir, ce cher et bon fils qui était toute ma joie en ce monde !... oh !... c'est impossible ! n'est-ce pas, Jacquard, c'est impossible ?

— Résignons-nous à la volonté du ciel, ma pauvre amie, reprit le digne homme. Cette vie, tu le sais, est un temps d'épreuve ; tournons nos regards vers l'éternité bienheureuse, où nous attend celui que nous avons tant aimé. »

Le parent de Jacquard se joignit à lui, ainsi que sa femme, pour consoler la malheureuse mère : mais à toutes leurs paroles, elle ne répondait que par ces mots : « Mon fils est mort ! je ne reverrai plus ce cher fils de mon cœur, laissez-moi, laissez-moi pleurer.... »

Toute la nuit se passa pour la pauvre femme dans une agitation fiévreuse on ne peut plus alarmante. Mais le temps heureusement a des baumes salutaires pour ces profondes blessures du cœur. Peu à peu la douleur devient moins violente, l'esprit se calme et recourt aux divines consolations de la foi. On prie, on médite, et bientôt comme Jacquard près du tombeau de son enfant, on se sent la force de se relever pour continuer à marcher dans le pénible chemin de la vie.

C'est ainsi que la malheureuse mère, après quelques semaines d'angoisses, se releva peu à peu de son abattement, et finit par être assez forte pour suivre son mari dans une petite maison qu'il avait louée dans un quartier retiré, et recommença à travailler, comme autrefois, afin de venir en aide à son pauvre mari, qui s'était mis aussitôt à réparer les machines dans les fabriques et à y tisser les étoffes de soie lorsqu'il n'avait point de réparations à faire.

VII

Déjà Jacquard était de retour depuis un mois, quand il songea tout à coup au portefeuille que lui avait remis, sur le champ de bataille, le jeune lyonnais blessé mortellement en même temps que son fils.

« Nos propres souffrances nous rendraient-elles donc insensibles à celles de nos semblables ? murmura-t-il en versant des larmes, et s'adressant à sa femme, il lui dit d'une voix profondément émue :

— Te sens-tu maintenant assez résignée à la volonté de Dieu, ma pieuse amie, pour avoir le courage d'aller apprendre à une pauvre mère qu'elle a, comme toi, perdu son unique enfant dans cette guerre désastreuse ? Sonde ton cœur, chère Marguerite ; je tiens beaucoup à ce que ce soit toi qui portes ce triste message ; car tu sauras l'accompagner de saintes et consolantes paroles ; cependant, si tu ne t'en sentais pas la force, je préférerais le porter moi-même.

— Dieu ne m'a-t-il pas soutenu jusqu'ici, mon ami, répondit la digne femme ; comment n'aurais-je pas confiance entière en sa sainte protection ? » Et, s'emparant du portefeuille que son mari lui tendait, elle se rendit sans retard chez Mme veuve Duval, quartier de la Croix-rousse, adresse que portait une lettre écrite de la main même du jeune lyonnais.

« O Père des miséricordes, divin Protecteur de tous les êtres faibles et malheureux, fortifiez, par votre grâce, le cœur de cette pauvre mère, afin qu'elle puisse supporter, sans mourir, le cruel malheur que je vais lui annoncer. »

Ainsi priait la pieuse Marguerite au moment où elle franchissait le seuil d'une misérable demeure qu'on lui avait désignée comme étant celle de la veuve Duval. Elle frappa à la porte ; une voix plaintive lui répondit de l'intérieur.

« Courage ! » se dit-elle en ouvrant d'une main tremblante, et elle se trouva aussitôt en présence d'une malheureuse femme étendue à demi-mourante sur un mauvais lit qui semblait n'avoir pas été approprié depuis plusieurs mois.

Pour un cœur véritablement chrétien, toute personne souffrante est un être sacré qui inspire à l'instant même une sainte et affectueuse compassion.

Tels étaient les sentiments dont le cœur de la pieuse Marguerite était animé lorsqu'elle aborda la pauvre malade. Elle s'assit près d'elle, lui prit les mains dans les siennes en l'appelant sa sœur en Jésus-Christ, lui promit de la visiter souvent et chercha à gagner sa confiance par ses bons soins et ses tendres paroles.

« Que Dieu vous bénisse, madame, pour le charitable intérêt que vous me témoignez, murmura faiblement la malheureuse femme après avoir écouté quelque temps en silence les témoignages affectueux qui lui était prodiguées ; puis, laissant retomber tristement sa tête sur le coussin qui lui servait d'oreiller, elle ajouta d'une voix brisé par la douleur.

— Non, non, je ne veux plus espérer !.... mon fils est mort ; je ne dois plus songer qu'à aller le rejoindre dans le ciel.

— A moi aussi, pauvre amie, la guerre vient de ravir un fils unique et tendrement aimé, répondit madame Jacquard en se demandant avec étonnement comment la malheurenuse mère avait pu apprendre la fatale nouvelle ; cependant, continua-t-elle, je ne désire pas la mort ; car je craindrais d'offenser Dieu, qui veut que nous supportions avec résignation toutes les épreuves qu'il nous envoie.

— Impossible ! reprit la malade en s'agitant péniblement sur sa couche ; j'ai tout perdu en perdant mon cher et bon Nicolas : santé, bonheur, espoir, tout jusqu'au morceau de pain qui devait chaque jour soutenir ma pénible existence.... Que n'avez-vous pu voir notre petit intérieur, quand, l'année dernière encore, mon laborieux et bon enfant y entretenait l'aisance par son travail, la joie par son aimable caractère ; vous comprendriez comment je ne vois plus maintenant la possibilité de vivre abondonnée dans cette chambre, où la misère et la souffrance sont devenues mes seules compagnes.

— Songez, ma pauvre sœur, au Dieu de miséricorde, qui n'abandonne aucune de ses créatures, pourvu qu'elles le prient et ne cessent d'espérer en sa bonté, murmura Mme Jacquard d'une voix à demi-étouffée par les larmes.

— Mon fils, mon cher fils, je ne le reverrai plus en ce monde! soupira la malade comme si elle eût été trop absorbée dans ses douloureux regrets pour avoir prêté attention aux dernières paroles de sa consolatrice.

— Quand et comment, pauvre amie, avez-vous appris la triste nouvelle de sa mort? reprit Marguerite afin de fournir à la malheureuse mère l'occasion de soulager son cœur en continuant à s'entretenir du cher enfant qu'elle regrettait si amèrement.

— J'ai pressenti moi-même mon affreux malheur, répondit la veuve. Mon fils ne m'ayant pas écrit depuis trois mois, cela m'a suffi pour être certaine de sa mort, car depuis qu'il était à l'armée, jamais il n'avait passé plus de quinze jours sans me rassurer par quelques bonnes paroles.

— Et si je vous remettais une lettre qu'il a confiée lui-même à mon mari au moment où il venait d'être blessé mortellement, me promettriez-vous de vous résigner un peu, ma pauvre amie? » demanda Mme Jacquard en sortant de sa poche le portefeuille du jeune soldat.

Un cri de suprême angoisse s'échappa de la poitrine de la malheureuse mère, quand elle aperçut ce portefeuille, qu'elle avait acheté elle-même à son fils avant son départ. Elle s'en empara d'une main convulsive, le porta à ses lèvres, puis le mit respectueusement sur son cœur, où elle le tint serré pendant plusieurs minutes sans prononcer la moindre parole.

« Ne désirez-vous pas prendre connaissance de la lettre dont je vous ai parlé? lui dit la bonne Marguerite dans l'espoir de la soustraire à son douloureux silence.

— Mes yeux sont tellement affaiblis par la souffrance et les larmes qu'il me serait impossible de lire même l'écriture de mon fils, » répondit-elle en remettant la lettre à Mme Jacquard, et elle parut attendre avec une vive impatience que cette dernière lui en fît la lecture.

Le jeune soldat racontait à sa mère les différents combats auxquels il avait dû prendre part depuis deux mois. Il se plaignait de ne pouvoir pas lui écrire aussi souvent que le désirait son cœur, et terminait, en la suppliant, de se confier toujours à la divine Providence, quel que fût le sort que lui réservât le Ciel.

« O Dieu! faites-moi la grâce d'obéir aux dernières volontés de mon fils bien-aimé! balbutia la pauvre mère, quand Marguerite eut terminé sa lecture. Vous seul pouvez me donner le courage de vivre sans mon enfant, continua-t-elle; vous seul pouvez consoler et relever ma pauvre âme accablée! »

Heureuse de ce changement subit opéré dans le cœur de l'infortunée femme, la bonne Marguerite s'empressa d'en profiter, pour lui suggérer des salutaires pensées qui avaient d'autant plus de poids qu'elle-même avait dû faire un non moins grand sacrifice.

Sur son invitation, une voisine, à laquelle elle confia une petite somme, consentit à se rendre près de la malade, afin de lui prodiguer les soins qui lui étaient nécessaires; si bien que la charitable messagère put se retirer avec la conviction qu'elle venait d'accomplir une œuvre agréable au divin Protecteur des pauvres et des affligés.

VIII

Les honnêtes gens sont ingénieux pour se créer promptement un intérieur convenable, afin d'éloigner de leurs regards toute apparence de misère.

C'est ainsi que, malgré le léger salaire qu'obtenait leur travail, les époux Jacquard étaient parvenus, à force d'économies, à se refaire un assez beau ménage, pour que le souvenir de l'aisance dont ils avaient joui autrefois vînt moins rarement attrister leur âme.

Le jour où nous les retrouvons, quatre années se sont écoulées depuis le retour de Jacquard dans sa ville natale.

Marguerite et sa jeune parente, la gentille

Denise, qui maintenant est une grande et belle fille, s'occupent activement à la cuisine : la première à ranger sur un plateau d'osier, un magnifique gâteau que l'on vient de lui rapporter du four; l'autre à soigner, près du feu, un énorme rôti dont l'aspect commence déjà à être appétissant.

Quoique cuisinières, toutes deux sont vêtues de leurs toilettes du dimanche, et une si franche gaîté brille sur leurs visages qu'il est facile de deviner qu'une fête se prépare dans la modeste famille.

« Ne serait-il pas temps de s'occuper du service, chère cousine? demanda Denise après avoir admiré de nouveau son succulent rôti.

— C'est vrai, c'est vrai, petite, » répondit vivement Marguerite, et tirant du buffet une nappe éclatante de blancheur, elle courut l'étendre sur une large table dressée à l'avance dans la chambre voisine, et en un instant cette table se trouva garnie par les deux actives ménagères de douze couverts complets et de plusieurs bouteilles de vin.

— Et ce cher Jacquard qui ne revient pas, dit

alors Marguerite en se penchant à la fenêtre avec impatience ; il m'a pourtant bien promis d'être là avant la nuit, afin de recevoir lui-même nos invités.

— Allons, allons, cousine, ne grondons pas ! répondit joyeusement l'aimable Denise ; notre bon Joseph a trop peu l'habitude de manquer à sa parole pour qu'il s'avise de ne pas y être fidèle en ce beau jour, où nous allons fêter son grand et saint patron. »

Bientôt, en effet, le pas de Jacquard se fit entendre dans l'escalier.

« Je vous annonce nos amis ! s'écria-t-il gaiement dès qu'il eut entr'ouvert la porte : je les ai aperçus à l'extrémité de la rue ; mais je me suis bien gardé d'aller à leur rencontre ; car, comme je les connais, je suis sûr qu'ils n'auraient pas manqué de m'adresser leurs compliments en public. »

A peine ces dernières paroles étaient-elles prononcées, qu'une dizaine d'ouvriers apparurent sur le seuil, en s'écriant comme une seule voix : « Salut à toute la famille, et prospérité à notre brave ami Jacquard ! Que saint

Joseph son patron le protége dans le ciel et lui obtienne de Dieu les plus précieuses bénédictions! »

Le bon Jacquard remercia ses amis avec des larmes dans les yeux, et ce fut avec un véritable bonheur qu'il reçut leurs bouquets et leurs fraternels embrassements.

Alors vint le tour de Marguerite et Denise, qui, elles aussi, avaient des bouquets à offrir et des souhaits à faire.

Un instant après, la longue table se trouvait environnée de ses joyeux convives, qui tous paraissaient on ne peut mieux disposés à faire honneur au repas qui se trouvait étalé sous leurs yeux.

A voir les membres grêles et la pâleur de visage de la plupart de ces ouvriers, il était facile de deviner qu'ils n'assistaient pas souvent à pareille fête et qu'ils avaient une plus large part dans les fatigues de ce monde que dans ses réjouissances.

La plus vive gaieté brillait pourtant dans les yeux de ces braves gens, et la joyeuse conversation à laquelle ils tardèrent à se livrer témoignait du plaisir qu'ils éprouvaient à partager ensemble la gaîté du festin.

« Pourquoi ta fête ne se renouvelle-t-elle pas plusieurs fois dans l'année, mon brave Joseph? dit l'un; nous t'apporterions des fleurs. et tu nous en récompenserais, comme aujourd'hui, par un excellent banquet. Cela nous irait, à nous qui n'avons pas grande occasion de nous réjouir.

— Je le voudrais de tout mon cœur, l'ami, répondit Jacquard; mais bien des obstacles, je crois, s'opposeraient à nos réunions, lors-même que je serais favorisé d'autant de patrons qu'il y a de mois dans l'année. D'abord nos occupations qu'il nous faudrait négliger trop souvent, ensuite la modicité de nos ressources qui se verraient bientôt épuisées, puis nos contre-maîtres qui nous traiteraient de viveurs, de fainéants; enfin je n'en finirais pas si je voulais exposer ici tout ce qui nous interdit de rechercher plus souvent le plaisir dont nous jouissons aujourd'hui.

— Ah! pourquoi aussi l'un de nous n'essaie-t-il pas d'inventer le moyen de fabriquer des filets? reprit gaiement un petit bonhomme de quatre pieds de hauteur, dont le front rétréci n'inspirait pas grande confiance en son génie inventeur. Il partirait aussitôt pour l'Angleterre, continua-t-il, et quand il nous reviendrait avec les cinquante mille francs promis par la société de Londres, il pourrait nous traiter tous, aussi souvent qu'il le voudrait, sans crainte d'épuiser ses ressources.

— C'est vrai, c'est vrai, reprit Jacquard dont le regard venait de s'animer. Je ne m'étais point arrêté encore à cette idée de mériter la récompense offerte par la société de Londres; mais je commence à en entrevoir la possibilité.

— Tu plaisantes, mon pauvre homme, tu plaisantes, repartit Marguerite, quoiqu'elle s'aperçût fort bien, à l'expression des traits de son mari, qu'il parlait sérieusement.

— Femme incrédule! s'écria vivement Jacquard, procure-moi seulement de la ficelle et quelques petits morceaux de bois, et je ne tarderai pas à te prouver, ainsi qu'à nos amis et à cette petite Denise qui sourit là tout malicieusement, que je ne suis pas incapable d'inventer la fameuse mécanique à filet. »

Marguerite se rendit aussitôt au désir de son mari, et, un instant après, celui-ci faisait manœuvrer dans ses doigts agiles les morceaux de bois et la ficelle que lui avait remis sa femme, puis, rejetant ensuite sur la table un petit filet parfaitement tissé, il s'écria en riant :

« Ah! ah! il faut vraiment que les Anglais n'estiment guère le prix de l'argent pour offrir toute une fortune au retour d'une semblable niaiserie!

Alors les ouvriers tisseurs s'emparèrent du filet, l'examinèrent avec attention et parurent ne plus douter du succès de l'invention de leur ami Jacquard.

« Veux-tu me la confier, ta niaiserie, mon brave Joseph? demanda l'un en serrant la main à ce dernier. Je connais un homme qui s'intéresse vivement à ces sortes de choses, je le lui montrerai, et peut-être...

— Allons, allons! avoue que tu me vois déjà possesseur des cinquante mille francs, ami Franck? interrompit Jacquard, prends cette bagatelle puisque tu le désires, et n'en parlons plus. »

La soirée se termina aussi gaîment qu'elle avait commencé; puis, quand on se fut souhaité bon repos pour la nuit, et bon courage pour le travail du lendemain, on se sépara, le cœur satisfait de ces quelques heures de joie.

IX

Huit jours s'étaient écoulés depuis l'heureuse soirée.

Joseph Jacquard se disposait à se rendre dans une fabrique où il devait faire quelques réparations, lorsqu'un gendarme arrêta tout à coup son cheval devant sa porte et prononça son nom de manière à le faire accourir aussitôt.

« Lisez et suivez-moi, » lui dit le gendarme en lui remettant une large enveloppe cachetée.

Aussi étonné qu'effrayé de cet événement, Jacquard brisa le cachet d'une main tremblante et se mit à prendre connaissance de la lettre.

C'était un ordre du préfet qui l'invitait à se rendre sans retard à son cabinet particulier.

« Laissez-moi aller seul, dit-il au gendarme, grâce à Dieu, je n'ai rien à me reprocher; je ne dois donc pas être conduit comme un malfaiteur.

— Impossible, mon brave homme, impossible! j'ai ordre de ne point vous quitter; ainsi résignez-vous. »

Cette réponse du cavalier fut loin de rassurer les esprits déjà troublés du pauvre Jacquard; cependant il ne fit plus aucune résistance et suivit le gendarme d'un pas rapide, craignant que sa femme, qui en ce moment était sortie, ne vînt à le rencontrer ainsi escorté.

Sa femme ne le rencontra point; mais malheureusement il fut vu par l'unique ennemi qu'il eût peut-être encore dans sa ville natale, par Pierre Cotard, son ancien voisin, celui-là même qui autrefois avait engagé les chapeliers du quartier à le dénoncer comme suspect.

Son injuste haine avait persisté malgré les années. Il s'était réjoui de toutes les infortunes des époux Jacquard, lui qui, depuis l'incendie, se trouvait plongé, ainsi que sa famille, dans la plus affreuse misère; et maintenant qu'il vient de voir l'humble tisseur suivre un gendarme avec l'attitude inquiète d'un véritable coupable, il prend plaisir à former les plus funestes augures sur cet événement imprévu.

Ne pouvant se décider à s'éloigner avant d'avoir obtenu à ce sujet quelque renseignement positif, il se promenait le long de la rue, lorsqu'il aperçut tout à coup Mme Jacquard qui, chargée d'un panier de provisions, regagnait paisiblement sa demeure.

« Elle ignore donc ce qui vient de se passer? se dit Pierre Cotard en l'examinant avec attention, et aussitôt un odieux projet s'empara de son esprit.

Il traversa la rue d'un pas rapide, monta l'escalier qui conduisait au logement des époux Jacquard, et ne tarda pas à se trouver en présence de Marguerite.

« Je tente près de vous une bien pénible démarche, ma chère madame Jacquard, dit-il en affectant une tristesse profonde, mais en qualité d'ancien voisin, j'ai cru devoir vous apprendre moi-même le nouveau malheur qui vient de vous frapper.

— Expliquez-vous, je vous en supplie! s'écria Marguerite en pâlissant : mon pauvre Joseph se serait-il blessé dans cette fabrique où il devait se rendre ce matin?

— Une blessure serait peu de chose, reprit Cotard ; avec des soins on peut...

— Mort! s'écria la pauvre femme d'une voix déchirante, et s'affaissant sur un siége, elle parut prête à s'évanouir.

— Non, non il n'est pas mort, s'empressa de dire Pierre Cotard un peu effrayé de l'effe foudroyant produit par ses paroles. Ce que j'avais à vous apprendre, c'est qu'il vient d'être conduit en prison par un gendarme. »

Une violente réaction se fit chez Marguerite dès qu'elle eut entendu cette espèce d'accusation : ses yeux se rouvrirent, son teint se colora, et se levant avec énergie, elle répondit d'une voix ferme :

« Mon brave Jacquard en prison!... C'est impossible, monsieur Pierre, il faut vraiment que vous ayez perdu l'esprit pour oser calomnier ainsi devant moi ce cher homme dont je connais les plus intimes actions, et que je vénère et admire comme la vertu en personne.

— Je ne dis pas qu'il est coupable, repartit Cotard; j'affirme seulement que je viens de le voir suivre honteusement à pied un gendarme monté sur un cheval, et j'ajoute que pour un brave homme, il avait l'air bien inquiet, bien accablé.

— Vous avez vu, cela vous, Pierre Cotard? reprit la digne femme en secouant la tête en signe d'incrédulité.

— Certainement, et je n'ai pas été le seul à le voir, répondit Cotard; informez-vous près de vos voisins, et vous verrez si ce que je viens de vous affirmer n'est pas l'exacte vérité. »

Là-dessus Pierre Cotard se retira en s'applaudissant d'avoir conçu l'idée de se faire ainsi le messager d'une nouvelle qui, selon lui, devait avant peu mettre le comble aux infortunes des époux Jacquard.

Quant à Marguerite, elle se mit tranquillement à préparer son dîner et attendit avec calme le retour de son mari, se préparant à lui raconter dans tous ses détails l'agréable visite que lui avait faite leur ancien voisin.

X

Pendant que sa courageuse femme repoussait, comme nous l'avons vu, les injurieuses suppositions de Pierre Cotard, Jacquard arrivait à la préfecture et y prenait place parmi les nombreux solliciteurs qui, en ce moment, se trouvaient réunis dans le salon d'attente.

N'ayant pas eu le temps de changer de vêtement, il se tenait là timidement, avec sa blouse d'ouvrier, et osait à peine lever les yeux sur tous ces hommes en habits noirs qui semblaient s'être parés pour assister à quelque grande fête.

Cependant son sévère gardien ne l'avait pas quitté d'un pas. Ayant montré l'ordre qu'il avait reçu, son nom fut aussitôt prononcé à haute voix.

« Vous pouvez entrer, » lui dit le gendarme en lui désignant une porte à deux battants qui se trouvait au fond du salon.

Interdit et chancelant sur ses jambes, Jacquard se dirigea vers cette porte, et un instant après, il paraissait devant le préfet de l'air d'un homme qui ne sait pas trop s'il fait un rêve ou s'il est bien éveillé.

« Vous avez inventé une mécanique à filet, monsieur, lui dit gravement ce magistrat après lui avoir fait signe de s'asseoir.

— Moi, monsieur le préfet? je ne sais vraiment pas ce que vous voulez dire, répondit Jacquard qui avait complétement oublié son petit travail de ficelle.

— Auriez-vous l'intention coupable de partir pour l'Angleterre, afin d'enrichir son industrie d'une découverte que vous devez à votre pays? reprit le magistrat. Renoncez à ce projet, car défense est faite dans toute la France de vous délivrer le passeport qui est nécessaire.

— Ah! monsieur, je suis confondu que

l'autorité s'occupe ainsi d'un pauvre ouvrier comme moi ; c'est me faire trop d'honneur, croyez-le bien.

— Mettez fin à cette fausse bonhomie dont je ne puis être dupe, puisque j'ai en main les preuves de votre importante invention, observa sévèrement le préfet en mettant sous les yeux de Jacquard le petit filet qu'il avait confié quelques jours avant à son ami le tisseur.

— Quoi, c'est de cela qu'il s'agit, monsieur ! s'écria Jacquard, interdit de voir traiter avec tant de sérieux ce qu'il avait appelé d'abord une niaiserie. Je vous donne ma parole d'honnête homme, que je n'avais plus aucun souvenir de cette bagatelle que j'ai faite en m'amusant avec mes amis.

— Bien, bien, nous savons que penser de votre air naïf, répondit le magistrat. Votre filet a été examiné par les plus grands connaisseurs de France, et tous se sont accordés à proclamer le haut mérite de votre ingénieuse invention. Nous allons donc à l'heure même partir ensemble pour Paris, et toute objection de votre part serait inutile, je vous en préviens.

— Oh! monsieur, c'est impossible! je ne puis partir ainsi, sans aller prévenir ma pauvre femme de mon départ. Nous avons éprouvé déjà tant de malheurs qu'elle mourrait d'inquiétude pendant mon absence si elle n'en connaissait point le motif.

— Vous pouvez l'en avertir par écrit, répondit le préfet en avançant vers Jacquard une plume, de l'encre et du papier; seulement j'y mets une condition, c'est que vous me laisserez lire votre lettre avant de la cacheter.

— Vous la lirez, monsieur, vous la lirez, rien ne s'y oppose, dit vivement le mécanicien. Puis il prit la plume, traça quelques mots qu'il arrosa de ses larmes.

— Maintenant, partons, reprit le préfet quand il eut parcouru la lettre destinée à Mme Jacquard. Une chaise de poste nous attend dans la cour, le premier consul veut que nous sortions de Lyon ce matin même, nous n'avons plus de temps à perdre.

— Mais, monsieur, le premier consul ne me connait point: comment peut-il s'occuper de ce qui me concerne, lui si grand, et moi si petit?

— Vous êtes l'homme le plus fin que je connaisse, monsieur Jacquard, répondit le magistrat. Mais vos ruses sont inutiles. Soyez sans inquiétude, le premier consul vous récompensera aussi généreusement que l'aurait fait le gouvernement anglais, et vous aurez en outre la satisfaction d'avoir rendu à votre pays un service signalé.

Le modeste inventeur de la mécanique à filet allait encore se récrier sur l'honneur que l'on daignait lui faire, quand le préfet l'interrompit en le prenant brusquement par le bras pour l'entraîner vers la cour.

Alors ils montèrent tous deux dans la chaise de poste, et les chevaux partirent au grand trot.

XI

Midi venait de sonner à la cathédrale de Lyon.

Occupée à mettre le couvert pour elle et son mari, Marguerite attendait paisiblement le retour de ce dernier, quand des pas étrangers se firent tout à coup entendre dans l'escalier.

Que l'on juge de sa stupeur, lorsqu'ayant ouvert, elle aperçut, debout sur le seuil, un gigantesque gendarme en grand costume d'ordonnance.

« Qui vous envoie, monsieur, et que me voulez-vous ? » s'écria-t-elle éperdue.

Pour toute réponse, le gendarme lui tendit une lettre cachetée et se retira.

— C'est l'écriture de mon pauvre Jacquard,

soupira la chère femme, en arrosant la lettre de ses larmes, sans oser d'abord en briser le cachet. Serait-ce donc vrai qu'ils l'auraient conduit en prison?... Mon Dieu, mon Dieu, ayez pitié de nous! et ne permettez pas que l'un de vos plus fidèles serviteurs soit victime de quelque indigne calomnie! »

Rassurée un peu par cet élan de son cœur vers le divin Protecteur de la vertu, elle se décida enfin à ouvrir la mystérieuse enveloppe, et en tira une petite feuille pliée, sur laquelle elle lut ce qui suit :

« Rappelle-toi, chère et bonne femme, ce petit filet que je m'amusai à faire le jour de ma fête, et que je fis voir à nos amis comme une bagatelle; eh bien, il paraît que cette bagatelle a été appréciée tout autrement par de savants connaisseurs. D'après l'ordre du premier consul, on va m'emmener à Paris sans me permettre même d'aller t'embrasser et te dire adieu. Mais console-toi, chère amie, j'espère que notre séparation ne sera pas de longue durée, et qu'à l'avenir, grâce à ma modeste invention, nous pourrons jouir ensemble d'une honnête aisance.

» JOSEPH JACQUARD. »

Marguerite lut et relut cent fois ces quelques lignes, qui lui apportaient le bonheur, au lieu d'être pour son cœur, comme elle l'avait craint d'abord, une source intarissable de douleurs et de larmes; puis elle se mit à remercier le Ciel de cette nouvelle inattendue qu'il daignait répandre sur elle et sur son mari.

Un instant après, la digne femme se rendait chez les parents de Denise, afin de leur faire-part de l'heureuse nouvelle.

Ce fut une véritable fête pour ces braves gens, qui estimaient leur cousin Jacquard comme l'homme le meilleur et le plus intelligent qui fût au monde.

Denise, surtout, parut profondément émerveillée du subit succès de cette petite machine, qu'elle avait vu construire quelques jours auparavant avec de simples morceaux de bois ramassés près du foyer.

« Décidément ce bon Joseph est un peu

sorcier, répétait-elle au milieu des épanchements joyeux de son excellent cœur ; et moi, qui me riais de lui comme d'un grand enfant qui s'amuse à imaginer quelque jeu nouveau ! Ah ! que je me réjouis de son retour pour le féliciter et l'embrasser ! Il aura d'ailleurs tant de choses à nous raconter sur cette brillante capitale, où il doit avoir l'honneur d'approcher l'illustre personne du premier consul. Il me semble le voir d'ici, ce cher cousin, se présentant devant ces hauts personnages avec sa bonne tête à longs cheveux blancs, son air timide et son allure un peu gauche. Je ne sais ce que je donnerais pour être là quand....

— Allons, allons, malicieuse enfant, ne vas-tu pas te moquer de lui maintenant? interrompit gaiement Mme Jacquard. Comble-le d'éloges tant qu'il te plaira, il le mérite bien ; mais je ne veux pas que tu le voies se présenter d'un air gauche, car je suis bien sûr qu'il aura autant d'assurance qu'un autre quand il se verra apprécié par des hommes intelligents.

— Si j'ai jamais un mari, chère cousine, j'aurai grand soin de me renseigner près de vous sur l'art de le défendre contre toute langue malicieuse; car c'est bien là la plus charmante qualité que puisse avoir une épouse dévouée, je le reconnais. Puisque vous le désirez, je consens même à croire que notre bon Jacquard sera assez vaillant pour recevoir les hommages du premier consul, sans rougir et sans baisser la tête, et qu'il se sentira aussi à l'aise dans les plus magnifiques salons qu'il le serait ici au milieu de nous.

Ainsi s'écoula en agréables conversations le reste de cette journée qui avait commencé si tristement pour Mme Jacquard. Le souvenir de Pierre Cotard et de ses indignes suppositions lui revint bien parfois à la mémoire; mais elle ne jugea pas à propos d'en parler à son parent, de peur qu'irrité contre le haineux ennemi de son mari, il ne songeât à rechercher l'occasion de le punir de sa méchanceté.

XII

Après deux jours et deux nuits passés en voiture, Jacquard, toujours accompagné du préfet de Lyon, arriva enfin à Paris.

« Je vous donne une heure pour vous préparer à me suivre au ministère, » lui dit le magistrat dès qu'ils furent descendus à l'hôtel; et environ une heure après, tous deux se faisaient introduire dans le cabinet du ministre Carnot.

Profond admirateur de toutes les découvertes nouvelles, ce ministre aurait dû accueillir avec empressement le modeste inventeur de la mécanique à filer; mais, soit qu'il fût blessé au fond que cet humble ouvrier eût résolu le problème qu'il avait cherché longtemps sans succès, lui mathématicien distingué, soit qu'il ne crût point possible qu'un homme aussi simple, aussi dénué d'instruction que l'était Jacquard, pût être doué d'assez de génie pour avoir fait l'invention qu'on lui prêtait, il le regarda en haussant les épaules, et lui dit d'un ton assez méprisant pour faire monter le rouge au visage de l'honnête ouvrier :

« Ah! vous êtes l'homme précieux auquel on attribue une découverte que tant de hautes intelligences ont vainement poursuivie jusqu'ici?

— C'était chose facile pourtant, monsieur, répondit Jacquard.

— C'est ce qu'il faudra voir, reprit brusquement Carnot. Il ne manque pas de charlatans qui, dans l'espoir d'une récompense, essaient de faire valoir des inventions dont la valeur est complètement nulle : rien ne prouve que vous ne soyez pas de ce nombre.

— Est-ce donc pour m'injurier ainsi, monsieur, que vous m'avez fait faire deux cents lieues contre mon gré? s'écria l'ouvrier blessé dans son honneur. Je ne vous demande rien; cependant, comme je tiens à justifier ma probité, je vais vous fabriquer à l'instant un petit métier dont vous pourrez faire l'essai.

Alors Jacquard s'empara d'une légère planche de sapin, la fendit avec son couteau en un certain nombre de parties, qu'il ajusta avec une telle rapidité qu'en moins d'une demi-heure il put faire manœuvrer sa petite machine.

« Tenez, monsieur, prononça énergiquement l'ouvrier, comptez les mailles, pressez sur cette barre, et vous augmenterez le tissu d'un rang, puis ensuite d'un autre rang, et toujours ainsi.

— J'essaierai moi-même, dit vivement un homme en redingote bleue, qui jusque là avait paru complètement indifférent à ce qui se passait autour de lui. Et, après s'être appuyé sur la barre indiquée par l'inventeur, il se releva avec une vive satisfaction, et s'écria en se tournant vers le ministre :

— Le bonhomme a vaincu la science du savant mathématicien! baissez le front, Carnot, vous avez trouvé votre maître! »

Le ministre, interdit, examina le filet avec

la plus grande attention et garda le silence.

Pendant ce temps, l'homme à redingote bleue, qui n'était autre que Bonaparte, le premier consul, s'approcha de Jacquard et lui dit en lui posant la main sur l'épaule.

« Votre fortune est faite, mon ami. A partir de ce jour, vous recevrez, en attendant une récompense plus digne, une pension viagère de six mille francs, et vous aurez votre logement au Conservatoire des arts et métiers. Commencez donc dès aujourd'hui votre précieuse mécanique, car je désire vivement la voir marcher avant peu. »

« Dans trois jours, la machine sera terminée, monsieur, répondit Jacquard avec l'assurance d'un homme qui est certain de tenir sa parole. Puis il se retira avec le préfet de Lyon, sans se douter à quel personnage il venait de parler.

La confusion du bonhomme fut grande lorsqu'en sortant il apprit du préfet que le monsieur à redingote bleue était le premier consul.

« Quoi! ce serait par Napoléon Bonaparte que j'aurais été traité tout à l'heure avec tant de bonté! s'écria-t-il. Oh! que dirait ma femme si elle savait que la puissante main du premier consul s'est posée amicalement sur l'épaule de son pauvre Jacquard?

— Et que cette main libérale accorde à ce pauvre Jacquard six mille francs de pension! observa le préfet en souriant.

— C'est vrai, c'est vrai, j'avais oublié cette circonstance, reprit naïvement l'ouvrier. Ma chère femme pourra faire maintenant la bourgeoise. Elle a tant travaillé déjà, qu'elle mérite bien de se reposer à l'avenir. »

Installé par le préfet dans un magnifique logement du Conservatoire des arts et métiers, Jacquard se mit aussitôt à l'œuvre avec un tel courage et une si merveilleuse entente de l'art mécanique, qu'en moins des trois jours convenus son métier était complètement terminé.

Alors il se mit à confectionner un vaste filet et s'étonna lui-même de la promptitude avec laquelle s'enlaçaient toutes ces mailles fines et régulières.

Désirant employer utilement les quelques heures de liberté qui restaient avant la visite du premier consul, Jacquard se mit à parcourir les nombreuses salles du Conservatoire, s'arrêtant devant chaque machine, afin d'en étudier les rouages et les combinaisons. Il arriva ainsi dans une galerie où plusieurs ouvriers construisaient, sous la direction du maître, un métier à tisser d'une extrême complication.

« A combien s'élevera ce travail, monsieur? demanda-t-il au directeur après un instant d'examen attentif.

— A vingt mille francs environ, répondit le maître.

— Et si je vous affirmais qu'il y a là bas, dans un coin, un métier qui, avec cinq cents francs de réparation, obtiendrait le même résultat que le vôtre? »

Le maître secoua la tête en signe de dédaigneuse incrédulité et continua son travail.

Mais Jacquard n'était pas homme à abandonner pour cela une idée qu'il avait jugée bonne. Aussitôt il se rend vers la machine en question, la démonte, y ajoute les pièces qui lui manquent, modifie celles qui lui semblent imparfaites et combine l'ensemble de son chef-d'œuvre avec une précision et un génie bien capables de lui inspirer de l'orgueil, s'il n'avait été l'être le plus modeste et le plus naïf de la terre.

Toutes ces hautes conceptions lui étaient si naturelles que la pensée de s'en glorifier intérieurement ne lui venait même pas. C'était pour lui un devoir sacré de les utiliser dès qu'elles se présentaient à son esprit. Comment ses mains laborieuses auraient-elles craint le travail, elles qui étaient toujours conduites par un tel mobile?

Il s'occupait à rassembler les pièces de son nouveau métier, lorsqu'une main s'appuya tout à coup sur son épaule.

Il se retourna et se trouva en présence du premier consul.

— Eh bien ! où en est votre précieuse machine? lui demanda Bonaparte.

— Elle est terminée, répondit Jacquard sans hésiter.

— Terminée ou à peu près ? reprit le prémier consul en regardant le métier à demi rassemblé qu'il avait devant les yeux.

— Ceci est un métier que je répare, premier consul, il pourra servir à tisser des châles ; mais je vais vous conduire dans mon atelier, et vous y verrez ma mécanique à filet toute prête à obéir à la main d'un tisseur.

— Occupons-nous d'abord de celle-ci, observa Bonaparte avec une vive satisfaction. Ne pourra-t-elle servir qu'à la fabrication des châles ?

— Ce métier inventé par Vaucanson et complété par moi est une combinaison de tous les principes de tissage. Il simplifie le travail de l'ouvrier, et lui permettra de rester un homme comme un autre, au lieu de se contourner la taille de manière à en devenir bossu, ce qui n'arrive que trop souvent dans nos manufactures de Lyon. De plus il évitera l'emploi de ce que l'on appelle les tireurs de lacs, ce qui sera un véritable bénédiction pour les malheureux enfants que l'on condamnait à se courber tout le jour sous nos métiers pour en rattacher les fils brisés. Voilà pourquoi j'ai entrepris ce travail, et j'espère réussir dans mon projet, si Dieu me vient en aide comme il ne manque jamais de le faire.

— Tu es un grand citoyen, dit Bonaparte en serrant la main de Jacquard.

— Je suis confondu de tant de bonté, répondit le mécanicien avec une émotion profonde ; croyez que tout ce que je pourrai faire pour mériter votre estime, je le ferai.

— Je n'en doute pas, mon brave, mais comment vous êtes-vous décidé si tard à mettre en œuvre toutes vos grandes idées ?

— La pauvreté est ennemie de ces développements de l'esprit, vous le savez. Forcé de vivre au jour le jour, je renfermais en moi tous mes désirs de progrès.

— Tu mérites une grande destinée, et je te promets de m'en occuper sérieusement, reprit Bonaparte en passant son bras sous celui du bonhomme pour se rendre à l'atelier où se trouvait sa machine à filet.

Alors l'habile ouvrier se mit à ajouter plusieurs rangs de mailles à son tissu, expliqua à son illustre protecteur tous les mouvements produits par la machine, si bien que le premier consul, transporté d'admiration, lui dit en se retirant :

« Je ne tarderai pas à te récompenser selon l'importance du service que tu as rendu à ton pays. Ton autre métier terminé, tu pourras retourner à Lyon, et je me charge de ton avenir.

XIII

De retour à Lyon, Jacquard se mit au travail avec d'autant plus d'ardeur qu'il avait en lui-même la ferme conviction d'arriver avant peu à perfectionner assez sa précieuse invention pour qu'elle fût aussitôt adoptée dans toutes les farbiques de soieries.

Ce métier de Vaucanson, qu'il avait trouvé inachevé dans une des salles du Conservatoire, et qu'il était parvenu à faire fonctionner, avait été pour lui l'objet de profondes études : aussi, comme il l'affirma depuis, il ne s'était senti vraiment mécanicien qu'après avoir vu ce chef-d'œuvre qui réalisait en partie les idées progressives qu'il avait eues jusqu'alors sur l'art de tisser les étoffes.

Simplifier le mécanisme de ce métier et lui donner la vie en lui communiquant le mouvement par des moyens faciles et pleins d'agilité, tel était le problème que se promettait de résoudre en peu de temps le modeste et laborieux Jacquard ; mais l'heureuse solution de ce problème, qu'avaient déjà cherchée en vain tant d'illustres savants, devait, comme nous le verrons dans la suite, rencontrer encore d'immenses difficultés avant de se voir apprécier à sa juste valeur.

Tout semblait pourtant sourire aux courageux efforts de l'habile mécanicien. Les administrateurs de l'hospice de l'Antiquaille de Lyon, ayant résolu d'y établir des fabriques, vinrent lui proposer d'en diriger les travaux et lui offrirent, pour lui et sa femme, un beau et vaste logement. Il accepta avec joie cet arrangement, et ne songea plus dès lors qu'à mettre tout en œuvre pour parvenir à introniser son métier dans les manufactures de Lyon.

Quant à la bonne Marguerite, pendant que

son mari travaillait ainsi avec tant d'ardeur à améliorer le sort de la classe ouvrière, elle, la digne femme, se demandait dans le secret de son cœur, par quels moyens elle pourrait déverser sur de pauvres créatures une partie des bénédictions dont la divine Providence avait daigné la favoriser.

Déjà elle avait découvert, aux environs de sa nouvelle demeure, plusieurs familles misérables auxquelles elle portait chaque jour ce qui était nécessaire à leur existence ; mais son zèle charitable n'était point encore satisfait.

« J'ai une grâce à te demander, mon bon Jacquard, dit-elle un matin à son mari.

— De quoi s'agit-il, chère femme? demanda ce dernier.

— Tu sais, mon ami, reprit-elle, combien j'ai toujours regretté jusqu'ici que notre position de fortune ne nous permît pas de soustraire à son triste abandon la pauvre veuve dont le fils fut frappé, pour ainsi dire, de la même balle qui nous priva à jamais de notre cher enfant? ne consentirais-tu pas, maintenant que nous nous trouvons dans l'aisance, à offrir au milieu de nous un généreux asile à cette malheureuse femme, dont la faible santé n'a pu se rétablir encore faute de soins, faute surtout d'une nourriture fortifiante?

— Agis selon l'inspiration de ton cœur, ma bonne Marguerite, répondit Jacquard; je suis heureux qu'il nous soit permis maintenant d'obéir aux sentiments charitables que nous a toujours inspirés la vue des misères de nos semblables. »

Le soir même, la pauvre veuve de la Croix-Rousse se voyait installée comme amie au paisible foyer des époux Jacquard, et recevait d'eux la promesse de ne les quitter jamais. S'estimant trop heureuse déjà d'employer son temps au service de ses vertueux bienfaiteurs, Marie, c'est ainsi que se nommait la veuve, prit aussitôt le rôle de domestique dans la maison, et toutes les observations qu'on put lui faire à ce sujet devinrent inutiles.

Elle se levait gaîment dès les premières lueurs du jour, préparait le déjeûner, et ne permettait à Marguerite de se joindre à elle pour les soins du ménage que quand toutes les choses s'y trouvaient déjà à peu près dans un ordre parfait.

— Te voilà donc enfin transformée en véritable bourgeoise ! disait parfois à sa femme l'honnête mécanicien : une domestique pour te servir, des robes de soie pour t'en parer le dimanche, une maison où rien ne manque ; c'est là le bonheur que j'ai désiré longtemps pour toi, chère femme, sans jamais oser espérer qu'il se réaliserait.

— Dis plutôt, mon ami, que me voilà réduite maintenant à jouer le triste rôle d'un être inutile, observait en souriant la laborieuse Marguerite.

— N'as-tu pas assez travaillé jusqu'ici, chère femme, reprenait Jacquard. Allons, va faire ta visite habituelle à tes pauvres protégés, et tu me diras, à ton retour, si tu te considères encore comme un être inutile en ce monde. »

Le 19 mars 1805, les amis de Jacquard se trouvaient de nouveau réunis chez lui à l'occasion de la fête de saint Joseph, son vénéré patron.

Cette année là, au lieu de bouquets, le

célèbre inventeur avait reçu des couronnes comme gage des glorieux succès qui semblaient être promis à sa vaste entreprise ; mais soit que la vue de ces couronnes eût éveillé en lui de pénibles souvenirs, soit qu'il fût trop profondément préoccupé en ce moment pour prendre part à aucun divertissement, il demeurait triste et silencieux au milieu de cette joyeuse réunion de sa famille et de ses meilleurs amis.

En vain Mme Jacquard, aidée de la diligente Marie et de l'aimable Denise, qui ne manquait jamais d'accourir en pareille circonstance, avait-elle mis tous ses soins à ce que le repas fût aussi splendide que possible ; en vain les heureux convives buvaient-ils à la ronde, en s'écriant à en perdre haleine : « Vive l'ami Jacquard ! gloire et prospérité à son immortelle invention ! « rien ne pouvait ramener le gaieté sur le visage inquiet de l'illustre héros de cette fête de famille.

« Décidément vous avez du chagrin, cher cousin Jacquard ! s'écria tout à coup la bonne Denise. Vos méchants ouvriers tisseurs vous auraient-ils causé encore de nouvelles tracasseries ? ajouta-elle avec une charmante sollicitude.

— Ils se montrent depuis quelques jours plus ingrats et plus obstinés que jamais, ma pauvre petite, répondit le mécanicien d'un ton qui prouvait bien que la jeune fille venait de mettre le doigt sur la véritable blessure de ce noble cœur. Hier encore, continua-t-il, un fabricant qui est résolu à ne plus employer que mes métiers, à dû renvoyer tous ses malheureux ouvriers parce qu'ils se refusaient à travailler d'après le nouveau système.

— Serait-il possible ! s'écrièrent à la fois tous les convives. Mais qu'ils viennent donc nous visiter dans les ateliers Pernon, où tes machines sont définitivement installées, et ils s'apercevront bien vite, ces pauvres insensés, que nous parvenons à faire deux fois plus d'ouvrage qu'eux avec dix fois moins de peine. »

Une lueur de joie brilla sur les traits du célèbre mécanicien à ces consolantes paroles.

« Si tous les tisseurs vous ressemblaient, mes braves amis, dit-il d'un voix émue, le succès de mon métier serait assuré dans la plupart des fabriques de soieries de Lyon ; mais je crains bien que de longtemps les fabricants ne veuillent s'exposer à des luttes ontinuelles avec leurs ouvriers pour leur faire abandonner leur déplorable routine. Ecoutez plutôt un incident qui m'est arrivé ce matin, et vous jugerez vous-mêmes si mes inquiétudes sont mal fondées.

— Raconte-nous cela, voyons, et tâche de t'égayer un peu, répondit un des convives en serrant affectueusement la main de Jacquard, et celui-ci reprit :

— Ayant besoin de cordes, je m'adressai ce matin à un brave marchand, qui se mit tout à coup à s'apitoyer sur son sort et sur la diminution de la vente. Je lui en demandai les motifs. « Ah ! monsieur, répondit-il, c'est ce damné métier à la Jacquard qui en est la cause : il a tout simplifié, il a enlevé le pain au pauvre monde. Si ce n'est pas une infamie, je vous le demande, qu'on encourage de ces monstruosités d'inventions qui ôtent l'ouvrage à l'ouvrier ! Allez, s'il ne fallait que la corde pour pendre ce coquin de Jacquard, je donnerais volontiers.... — Toute votre boutique? — Oh! non, mais tout ce qu'il faudrait pour cela. — Vous ne connaissez pas Jacquard? — Non, je n'ai pas envie de le connaître; c'est un mauvais citoyen, car il n'y a qu'un mauvais citoyen qui puisse vouloir la mort du peuple. — On vous l'a fait plus noir qu'il n'est; et s'il vous expliquait lui-même que son métier est tout dans l'intérêt de la classe ouvrière? — Je voudrais bien voir comment il s'y prendrait, le grugeur! — Eh bien! écoutez-moi, car je suis Jacquard... — Et le cordier de balbutier force excuses et force regrets. — C'est notre femme, ajouta-t-il en finissant, qui me conte chaque jour ces sornettes-là. — Ce fait est peu de chose en apparence, ajouta Jacquard quand il eut terminé son récit; mais pour moi, les paroles de cet homme sont l'écho de milliers de voix toutes prêtes à me tenir le même langage si l'occasion s'en présentait. N'es-tu pas de mon avis, ami Franck?

— A peu près, mon brave Jacquard, répondit Franck : seulement je pense que tu dois avoir assez de confiance dans le mérite de ton œuvre pour ne pas te laisser décourager par de semblables difficultés ; car tôt ou tard, il faut l'espérer, le jour se fera dans les esprits, et tu finiras pas remporter victoire sur tous ces injustes préjugés de l'ignorance.

— A la santé de notre digne Jacquard ! s'écrièrent alors tous les ouvriers en entrechoquant leurs verres ; puisse son nom faire pâlir un jour celui de Vaucanson !

— Ne parlez pas ainsi, amis, observa vivement Jacquard : Vaucanson est un grand homme, et je ne suis, moi, qu'un pauvre ouvrier tisseur qui cherche à se servir de sa longue expérience pour alléger à ses compagnons de travail leur accablante tâche. J'ai lu dernièrement quelques détails sur la jeunesse de cet illustre savant, je vais vous les raconter, chers amis ; car je tiens beaucoup à ce que vous soyez comme moi bien convaincus à l'avenir que, dès sa naissance, ce grand homme était prédestiné par Dieu à la haute mission qu'il a accomplie jusqu'à la fin avec une si courageuse persévérance.

« Vaucanson naquit à Grenoble le 24 février

1709. Bien jeune encore le génie de la mécanique se développa chez lui. On raconte que, souvent laissé seul par sa mère chez une vieille tante dont le salon était orné d'une pendule, il ne cessa d'en examiner la construction que lorsqu'il supposa avoir découvert les principes de son mouvement; et, muni alors de forts méchants instruments, il exécuta, avec du bois, une horloge qui marquait les heures assez exactement.

« Le grand plaisir des enfants de cette époque était la construction de petites chapelles; le jeune Vaucanson, construisit pour ses petits camarades, des anges qui remuaient leurs ailes et des prêtres qui faisaient quelques mouvements de tête et de bras.

« Bientôt il vint à Paris pour se livrer à l'étude des sciences exactes. En examinant la statue des lutteurs, il conçut l'idée de son automate, qui, par la seule combinaison des pièces, introduisait réellement du vent dans son instrument, que le mouvement de ses doigts modifiait avec justesse. Il présenta en 1738 cette pièce curieuse à l'Académie des sciences et il la fit suivre d'une seconde machine qui jouait une vingtaine d'airs avec le tambourin et le galoubet.

« Qui n'a pas entendu parler de ces deux canards qui barbotaient dans l'eau, mangeaient le grain qu'on leur jetait, et le digéraient ? Il construisit également, pour la représentation de Cléopâtre, un aspic qui s'élançait sur le bras de l'actrice. Il devint associé de l'Académie royale des sciences. Mais de tous ses travaux les plus utiles et les plus précieux pour l'Etat, sont les machines inventées par lui, en Languedoc, pour le dévidage de la soie.

» Une discussion s'étant élevée dans le sein du conseil sur l'intelligence dont devait être doué un ouvrier en soie pour manier les tissus, Vaucanson, pour la faire cesser, construisit une machine avec laquelle un âne exécutait une étoffe fort riche ornée de fleurs. Il imagina les instruments nécessaires à l'exécution régulière et uniforme des différentes parties des machines, et donna le mouvement à son moulin à organiser par une chaîne sans fin. *Ne perdez point de temps, criait-il toujours aux ouvriers, je ne vivrai peut-être point assez pour expliquer mon idée.*

» Il mourut le 21 novembre 1782, âgé de soixante et onze ans. Par testament Vaucanson avait donné son cabinet à la reine, qui voulut en gratifier l'Académie des sciences ; mais les intendants du commerce adressèrent plusieurs réclamations pour obtenir les machines relatives aux manufactures. Par suite des discussions qui s'élevèrent sur ces diverses réclamations, la collection fut dispersée et perdue pour la France. Le Fluteur, le Joueur de galoubet et autres pièces mécaniques ont passé en Allemagne. »

Quand l'honnête mécanicien eut terminé son récit, de nombreux toasts furent chaleureusement portés, tantôt en l'honneur de Vaucanson, tantôt à la gloire de l'ami Jacquard. Puis on se sépara en se serrant la main et se souhaitant paix et bonheur.

XIV

Comme tous les hommes de génie et les bienfaiteurs de l'humanité, Jacquard, selon ses prévisions, ne devait pas tarder à être soumis aux plus cruelles épreuves.

Quand son invention fut mise en œuvre, dit un biographe, et que, par ce procédé, le tisseur put seul accomplir le travail de la fabrication des étoffes, toute la classe ouvrière se souleva consternée et menaçante. Ce fut en vain que les fabricants les plus éclairés tentèrent de faire comprendre les grands avantages que cette innovation procurerait aux travailleurs, et de prouver à ces derniers que, loin de leur porter préjudice, ce procédé leur serait favorable, en augmentant la prospérité des manufactures, unique source du bien-être des ouvriers.

Les passions sont comme les vagues de la mer : vouloir opposer aux unes ou aux autres comme une digue infranchissable, est une entreprise vaine.

Jacquard fut accusé d'avoir médité la ruine des fabriques de Lyon. Le prétendu inventeur n'était qu'un traître vendu à l'étranger. Des ouvriers inhabiles qui n'avaient pas su tirer parti des machines qu'il avait confectionnées, le traduisirent devant le tribunal des prudhommes pour qu'il eût à leur payer des dommages-intérêts proportionnés aux pertes qu'ils disaient avoir éprouvées.

Un arrêt fut prononcé....

Cet arrêt portait que les métiers à la Jacquard, étant plus nuisibles qu'utiles à l'industrie, seraient brûlés sur la place publique.

On voudrait pouvoir étendre un voile sur ces luttes odieuses, où les plus basses passions semblent un instant devoir remporter victoire sur les plus nobles vertus.

Le jour fixé pour la destruction de ses machines fut pour Jacquard le plus accablant de sa vie ; cependant il était loin encore de se douter de ce qui devait lui arriver le soir même.

Comme il se promenait tristement dans la direction du pont d'Oullins, des bruits confus se font tout à coup entendre au détour d'une rue.... il s'arrête pour écouter, et bientôt il se trouve environné d'une trentaine d'ouvriers qui se jettent sur lui et le terrassent en l'injuriant.

« Traînons-le dans le Rhône ! » s'écrie alors une voix plus furieuse encore que les autres.

Jacquard leva la tête, et tressaillit en reconnaissant Pierre Cotard en cet homme qui demandait sa mort à grands cris.

« Que vous ai-je fait à tous, pour que vous me traitiez ainsi ? murmura la pauvre victime en faisant d'inutiles efforts pour se relever.

— A l'eau ! à l'eau ! l'odieux conspirateur de notre ruine ! » s'écria de nouveau Pierre Cotard, qui déjà s'était accroché aux vêtements du malheureux mécanicien et essayait de l'entraîner à lui seul.

Heureusement plusieurs agents de police vinrent à passer en ce moment.

« Au large! au large! » s'écrièrent-ils en entourant la pauvre victime pour la protéger contre cette troupe furieuse.

La foule se dissipa, et Jacquard fut amené à sa demeure, où il reçut de sa femme et de la bonne Marie les soins et les consolations qui lui étaient nécessaires pour ne point faiblir sous une telle épreuve.

Tout autre que Jacquard aurait perdu courage à la vue de ces indignes traitements et de la coupable indifférence de ses concitoyens. Son œuvre venait d'être brûlée au milieu des cris de joie d'une foule insensée; sa propre vie avait été menacée par ces mêmes ouvriers tisseurs dont il avait toujours espéré être le bienfaiteur; mais sa grande âme semblait planer au-dessus de toutes les misères humaines. Dieu n'était-il pas toujours là pour faire triompher ses charitables efforts au jour marqué par sa sainte providence? Comment se serait-il laissé accabler par les difficultés, lui qui avait foi en la protection du ciel et confiance dans le mérite de son invention?

Dès le lendemain, il se remit à ses travaux avec son ardeur habituelle, et continua à faire toutes les démarches possibles près des principaux fabricants de soieries, pour les engager à persister dans l'emploi de ses métiers, malgré le mauvais vouloir des tisseurs.

Parmi les fabricants éclairés qui luttèrent avec le plus de persévérance contre l'entêtement et l'ignorance de la classe ouvrière, pour arriver à convaincre les esprits de la haute valeur des métiers à la Jacquard, on cite principalement MM. Grand frères, successeurs de Camille Pernon, qui a laissé dans Lyon les plus honorables souvenirs par la fabrication des étoffes riches pour meubles, étoffes que l'on admire encore dans les palais de plusieurs souverains d'Europe comme de véritables chefs-d'œuvre de l'art.

Pendant quatre années, dit un biographe, MM. Grand luttèrent péniblement contre la résistance des ouvriers à se servir du métier de Jacquard, et ce ne fut qu'en 1809 qu'il purent réussir à le faire adopter par ceux qui travaillaient sous leur direction. L'exemple était le plus sûr moyen d'agir sur l'esprit des fabricants et des ouvriers ; à la vue des avantages d'économie et de facilité d'exécution, les anciens métiers furent abandonnés. En 1812 il en restait fort peu à Lyon, et celui de Jacquard fut généralement adopté.

Dès lors, l'invention de l'illustre mécanicien produisit la plus vive sensation dans toutes les villes manufacturières de France. Un riche fabricant de Rouen s'empressa de proposer à Jacquard la direction d'un immense établissement qu'il voulait créer pour la fabrication de tapisserie et d'autres tissus ; mais cette offre, quoiqu'accompagnée de conditions on ne peut plus avantageuses, fut refusée comme tant d'autres, avec une telle énergie que l'on dut être absolument convaincu que le généreux inventeur avait surtout à cœur de doter Lyon de son œuvre et ne conservait aucun souvenir des cruels outrages dont il y avait été abreuvé.

Pour bien faire comprendre à nos lecteurs tout le prix de l'invention de notre digne Jacquard, nous croyons devoir leur mettre sous les yeux un résumé saisissant des misères qui, jusqu'en 1809, fut le partage des ouvriers tisseurs de Lyon.

« Des enfants très-jeunes sont placés au rouet; là, constamment courbés, sans mouvement, sans pouvoir respirer un air libre et pur, ils contractent des irritations qui deviennent plus tard des maladies scrofuleuses : leurs faibles membres se contournent, leur épine dorsale se dévie; dès leurs premières années ils deviennent débiles et valétudinaires[1].

D'autres enfants sont occupés à tourner des roues qui mettent en mouvement de longues mécaniques à dévider : la nutrition des bras s'accroît aux dépens de celle des jambes, et ces malheureux ont souvent les membres inférieurs déformés. Il y a trente ans seulement, ces pauvres gens constituaient une classe à part. Cette affreuse atonie, cette faiblesse de constitution, ces difformités étaient dues à l'extrême difficulté que ces pauvres gens éprouvaient à manier des métiers du mécanisme le plus compliqué; car c'était alors une foule de ressorts, d'outils, de cordages de toutes formes et dimensions, fatigants à monter, se détraquant sans cesse. Or, pendant les nombreux chômages, l'ouvrier, pour supporter une diète forcée, en était réduit à se serrer le ventre avec une ceinture de cuir, et s'il travaillait, il lui fallait soumettre son corps à des contorsions violentes et se priver du sommeil. »

Grâce à Jacquard, tout est changé maintenant à Lyon, la condition des ouvriers comme les procédés de l'industrie.

Malgré le succès croissant des métiers à la Jacquard, la position de fortune du modeste inventeur était toujours des plus médiocres ; mais il ne s'en plaignait point. Heureux de ce que son œuvre était enfin appréciée, il mettait sa joie à la voir se répandre dans toutes les parties du monde, et continuait à la perfectionner de manière à ce qu'elle fût un véritable bienfait pour l'industrie et la classe ouvrière.

Paisible dans son humble intérieur, où la vertu projetait ses douces et consolantes lueurs, il ne comprenait pas comment l'homme peut avoir d'autre ambition que celle de faire le bien et d'en espérer la récompense dans une vie meilleure.

C'était un spectacle touchant que de le voir, soir et matin, s'agenouiller avec sa chère femme et la bonne Marie pour supplier Dieu de bénir ses travaux et de venir en aide à tous les malheureux.

Quand on s'étonnait qu'il se contentât d'une existence si modeste, lui qui, plus que tout autre, avait des droits aux richesses et aux honneurs de ce monde, il répondait que sa destinée étant liée à celle de ses anciens compagnons de travail, il lui serait impossible de trouver des jouissances dans la possession des biens que ces derniers ne partageaient point avec lui.

« Jacquard avait bien le droit d'avoir la gloire en pitié, dit un de ses biographes ; il l'avait acheté assez cher, ce droit, aussi en usait-il largement. Il la regardait comme un hochet propre à amuser les vieux enfants, si l'on peut parler ainsi ; et le bonhomme Jacquard, c'est-à-dire un homme d'un grand sens, se raillait de la renommée du célèbre ouvrier-inventeur. »

— Célèbre !.... moi célèbre ! s'écriait-il parfois, et pourquoi ?.... pour avoir inventé une machine aussi simple?... En vérité la renommée s'acquiert à peu de frais! »

Un jour, comme cela arrivait souvent, un luxueux équipage s'arrête devant sa porte.

« Encore un Anglais, dit-il tranquillement à sa femme; ces messieurs d'outre-Manche devraient bien enfin se décider à me laisser vivre en paix.

Jacquard ne se trompait point : le visiteur était en effet un Anglais; mais ce qu'il ignorait, c'est que ce riche Anglais se nommait James Watt.

« Est-ce bien à l'illustre inventeur du métier à tisser que j'ai l'honneur de parler? demanda l'Anglais en saluant.

— A l'inventeur, oui, monsieur, répondit Jacquard en souriant; mais illustre....

— J'admire votre modestie, interrompit vivement James Watt; mais je doute qu'elle puisse lutter longtemps contre la glorieuse renommée que vous ont si justement acquise vos immortels travaux.

— Je sais qu'en Angleterre surtout on exalte beaucoup trop mes faibles mérites, reprit le modeste mécanicien; mais enfin, monsieur, puis-je savoir ce qui me vaut l'honneur de votre visite?

— Je me nomme James Watt, répondit l'illustre savant, et je crois devoir vous avouer sans détour que je suis chargé par le gouvernement anglais de vous faire les offres les plus généreuses en retour de vos précieuses inventions.

— Quoi! vous seriez ce célèbre mécanicien qui est parvenu à perfectionner les machines à vapeur et à leur imprimer le mouvement? s'écria Jacquard en avançant amicalement sa main pour serrer celle de James Watt : croyez, monsieur, que depuis longtemps mon cœur sympathisait avec votre grande âme, et que ce jour est pour moi heureux et cher, puisqu'il me met en présence de l'un des plus nobles bienfaiteurs de l'industrie et de l'humanité. Quant aux propositions que vous daignez me faire, j'ai le regret de vous dire qu'il m'est absolument impossible de les accepter; car, plus que jamais, je regarde comme un devoir sacré pour moi de laisser en héritage à ma ville natale une découverte qui pourrait fournir à une nation étrangère les moyens de ruiner son industrie. »

Jacquard aurait pu, sans nuire beaucoup à l'industrie française, céder à l'Angleterre sa machine à filet, qui n'avait de véritable valeur que pour un pays maritime ; mais il n'y songea même pas, tant l'ambition était éloignée de son cœur.

Ce noble désintéressement émut profondément la grande âme de l'illustre savant, et il ne put se retirer sans témoigner chaleureusement à Jacquard toute l'admiration qu'il venait de lui inspirer.

Plusieurs semaines s'étaient écoulées depuis la visite de James Watt, lorsque, un matin, un gendarme se présenta chez Jacquard et lui remit un paquet portant le timbre du ministre de l'intérieur. Il en brisa vivement le cachet, et un rayon de joie vint aussitôt illuminer ses traits... Le modeste inventeur avait entre les mains un brevet de la légion d'honneur.

— Regarde, chère femme, regarde, dit-il d'une voix émue ; ils m'ont enfin rendu justice, puisqu'il y a là : *Pour avoir bien mérité de sa patrie.* O que je suis heureux !... que je suis heureux !

— C'est sans doute ce noble étranger de l'autre jour qui aura parlé de toi à son passage à Paris, mon digne Jacquard, observa gaiement Marguerite sans se douter du pénible effet qu'allaient produire ses paroles sur son mari.

— C'est vrai, c'est vrai, murmura-t-il tristement ; je sais qu'il est membre de l'Institut de France, ce pourrait fort bien être lui qui m'eût obtenu cette faveur.

Et, penchant sa tête dans ses mains, il ajouta avec des larmes dans les yeux :

« Ah ! c'est donc à un Anglais que je dois ce brevet, moi qui éprouvais tant de bonheur à l'attribuer à la reconnaissance de mon pays !

— Allons, allons, console-toi, mon bon Jacquard, lui dit sa digne femme en l'embrassant avec effusion ; Dieu n'est-il pas toujours là pour juger tes œuvres et t'en récompenser quand sera venu le jour de sa miséricorde? La reconnaissance des hommes est passagère, mais les récompenses du ciel durent éternellement.

XV

Quelques années plus tard, Jacquard se voyait frapper par le plus cruel malheur que pût avoir à redouter un cœur tel que le sien.

Sa femme, la courageuse compagne de ses souffrances et de ses joies, lui fut enlevée presque subitement par une fièvre violente contre laquelle l'art du médecin avait dû se reconnaître impuissant.

Accablé par cette douloureuse séparation, il résolut de se retirer à la campagne. Réalisant une petite somme qu'il avait péniblement épargnée sur une faible pension que lui faisaient les fabricants de soieries de Lyon, il fit aussitôt l'acquisition d'une modeste propriété, située dans le village d'Oullins, et s'y installa, une semaine après, avec la bonne vieille Marie, dont l'affectueux dévouement devait être à l'avenir l'une de ses plus chères consolations.

Quoique de chétive apparence, la nouvelle demeure de Jacquard n'était pas sans charmes, avec son jardin orné de rosiers et ombragé, en partie, par de vigoureuses treilles où se suspendait chaque année une abondante moisson de belles grappes dorées. Mais le pauvre solitaire était trop absorbé d'abord par ses cruels regrets pour que son cœur pût trouver quelque repos, même dans ces lieux charmants.

Parfois il se mettait à cultiver son jardin, espérant ainsi oublier un instant son chagrin; mais bientôt le cher souvenir de sa femme venait de nouveau attrister son esprit, et ses bras manquaient de force pour continuer son travail.

« Nos propres souffrances doivent-elles donc nous faire oublier celles de nos semblables? se dit-il un jour. Le temps me pèse comme un poids accablant, je ne sais que faire de mes petites rentes ; ne puis-je pas, à l'exemple de la digne femme que je pleure, les employer à m'amasser quelques bonnes œuvres pour le ciel ? » Et, se renseignant aussitôt sur les misères qu'il pouvait y avoir à soulager dans les campagnes environnantes, il prit la résolution de commencer dès le lendemain ses charitables démarches.

La vieille Marie se chargea du soin des malades, et s'acquitta toujours de sa pieuse mission à la plus grande satisfaction de son cher maître, qui, de son côté, n'était jamais si heureux que quand il avait pu porter secours à quelque infortune nouvelle.

Peu à peu le calme se rétablit en cette belle âme que Dieu semblait n'avoir créée que pour donner en ce monde le salutaire exemple du dévouement et de la vertu.

Jacquard sourit de nouveau à la vie et finit par s'estimer le plus heureux des hommes dans sa riante et paisible campagne.

Lorsque parfois le souvenir de la mort de son fils venait renouveler ses regrets, il allait rendre une visite au maître d'école, et ramenait chez lui une partie de la classe, la partie la mieux notée.

Cette bande joyeuse sautillait, gambadait dans son jardin; puis, quand l'exercice avait aiguillonné leur estomac, à la satisfaction de Jacquard et au grand désespoir de sa servante, les petits vandales faisaient irruption dans la salle à manger, les sabots couverts d'une épaisse couche de terre.

Sous la serviette de chacun des jeunes convives, était déposée une *surprise* dont la valeur variait selon les différents degrés de mérites signalés par le maître d'école.

De temps à autre l'aimable visage de Denise, qui était mariée depuis plusieurs années, apparaissait gaîment au seuil de l'humble maisonnette, et ces jours-là étaient toujours de véritables jours de fête pour l'affectueux Jacquard et la bonne Marie.

Ainsi s'écoulèrent les dernières années de la vie de ce grand homme, qui devait laisser après lui un impérissable souvenir, non-seulement par le mérite de ses précieuses inventions, mais aussi par l'élévation des vertus de son humble cœur.

XVI

C'était le 6 août 1834. »

L'heure suprême de la mort approchait pour Jacquard. Dès le matin il avait reçu avec amour les derniers sacrements, et depuis il semblait attendre dans un calme céleste le moment où son âme prendrait enfin son vol vers cette bienheureuse patrie, qu'il n'avait cessé d'entrevoir pendant le cours de sa vie, comme la récompense de la vertu, du travail et de la souffrance.

Prosternée au chevet du mourant, la pauvre Marie priait et sanglotait, écoutant à peine les affectueuses exhortations que lui adressait une femme d'une quarantaine d'années qui venait de s'agenouiller à ses côtés.

Cette femme était la bonne Denise. Après avoir partagé les joies et les peines de ce modeste intérieur, elle était accourue, en ce jour d'angoisse, pour y verser la rosée bienfaisante de son dévouement.

« Je confie à tes soins cette pauvre Marie, qui ne veut pas se résigner à se retrouver seule sur cette terre, cher ange consolateur, lui avait dit le malade lorsqu'elle était entrée. Quant à moi, je dois oublier ce monde, pour ne plus songer qu'à me préparer à paraître devant le souverain Juge.

Denise avait recueilli une à une ces suprêmes paroles du mourant ; et, quand épuisé par l'effort qu'il avait dû faire pour parler si longuement, il s'était mis à méditer en silence, elle s'était agenouillée auprès de la pauvre Marie et avait aussitôt commencé la mission d'ange consolateur dont elle venait d'être chargée.

Une heure s'était passée ainsi, lorsque le mourant parut tout à coup sortir de sa profonde préoccupation.

« Il est temps de commencer les prières des agonisants, dit-il en désignant à Denise un livre qui se trouvait sur une petite table près de son lit, et, découvrant avec respect sa tête vénérable où se lisaient encore les saintes impressions de son mystérieux entretien avec Dieu, il se prépara à répéter au fond de son cœur ces admirables invocations, qui sont comme la dernière consolation offerte par l'Eglise à l'âme près de quitter ce monde.

Denise commença d'abord d'une voix assez intelligible, malgré la douleur qui oppressait son cœur; mais quand elle arriva à ces imposantes paroles : « *Partez, âme chrétienne*... elle se prit à sangloter et ne put continuer... Alors le malade, faisant un suprême effort sur sa faiblesse qui augmentait de moment en moment, fit signe qu'il désirait qu'on lui remît le livre, et reprit d'une voix lente et solennelle : « ... Regardez en haut briller la couronne étincelante et radieuse des saints : contemplez la gloire sans mesure des esprits célestes qui ont vaincu Satan. Le ciel tout entier s'avance à votre rencontre : il s'avance pour vous couronner aussi de gloire et d'honneur. Que pourriez-vous craindre, âme rachetée par le sang de Jésus-Christ? Partez donc, partez comme le prisonnier sort des ténèbres de son cachot, témoin de ses soupirs et de ses larmes... comme le navigateur échappé aux flots agités par les tempêtes.... »

L'âme bienheureuse s'envola à ces dernières paroles prononcées d'une voix faible et entrecoupée, et bientôt l'on n'entendit plus dans la triste demeure que soupirs et gémissements....

Le lendemain, un modeste cercueil, accompagné seulement de quelques hommes vêtus en grand deuil, et d'une trentaine d'ouvriers tisseurs, se rendait lentement à l'église d'Oullins, où les cérémonies funèbres devaient avoir lieu.

Affaissée sous la douleur, soutenue par la bonne et courageuse Denise, la pauvre Marie suivait avec peine le triste convoi; elle ne versait pas de larmes, elle avait trop pleuré. Son visage avait la pâleur de la mort, et ses traits exprimaient la plus navrante souffrance.

Tant que dura la cérémonie religieuse, elle pria en silence, les mains jointes et la tête penchée sur sa poitrine; mais quand le cercueil fut descendu dans la tombe, et que la pauvre femme dut y jeter, en signe d'adieu, une poignée de terre, elle éclata en sanglots si déchirants que tous les assistants se prirent aussi à sangloter.

Cependant l'un des hommes vêtus de deuil s'étant avancé sur les bords de la fosse, le silence se fit, et il commença le discours suivant au nom de la Société d'agriculture et des arts utiles de Lyon.

« Messieurs, l'homme auquel nous rendons aujourd'hui les derniers devoirs, fut bon, simple et modeste, et en même temps l'une des plus éminentes notabilités de l'industrie européenne. Cet homme, dont la vénérable vieillesse s'est paisiblement écoulée dans un coin obscur de cette commune, était célèbre à Londres comme à Philadelphie, à Pétersbourg comme à Calcutta. Son nom, à peine connu autour de sa demeure, avait retenti dans tous les ateliers, sur tous les marchés de l'univers. Cet homme, dont l'existence domestique était obscure en apparence, a étendu, développé, perfectioné, enrichi la grande et brillante manufacture de la métropole de l'industrie française.

» Il ne fut pas savant, mais il eut du génie : le propre du génie est de planer au-dessus des sciences ; car il est une inspiration providentielle, mission d'en haut. Arrivé sans nom comme sans fortune jusqu'à l'âge mûr, de vagues sentiments tourmentaient son esprit. Une machine extraordinaire, oubliée dans un coin, frappe ses regards ; il la considère et l'examine, il l'examine et la considère encore. Et, comme le Corrège s'était écrié jadis, *Et moi aussi je suis peintre!* à l'aspect d'un tableau de Raphaël, Jacquard s'écrie, *Et moi aussi js suis mécanicien!* à la vue d'une machine de Vaucanson.

» Dès lors est fixée la vocation providentielle de Jacquard. Il changera tout le système de la fabrication des tissus de soie. Il a découvert le principe unique qui domine toutes les combinaisons du tissage. Il créera une machine simple et puissante, peu dispendieuse, d'un facile entretien, se prêtant à tous les usages. Devant ce chef-d'œuvre du génie de l'industrie, disparaîtra pour toujours cette foule de ressorts, d'outils, de cordages, de harnais de toutes formes et de toutes dimensions, difficiles, fatigants à monter, à manier, se détraquant sans cesse, produisant peu avec beaucoup d'efforts, lentement et sans économie.

« Ce n'est pas tout : les machines que Jacquard a éliminées comprimaient, torturaient, déformaient les membres des ouvriers ; de là une population tout entière d'êtres débiles et souffrants. Si ces hommes, si dignes d'intérêt, sont plus sains, plus robustes, mieux conformés qu'autrefois, ils doivent, en très-grande partie du moins, qu'ils ne l'oublient jamais, au métier à la Jacquard cette grande amélioration de leur laborieuse destinée.

» Mais ce n'est pas impunément qu'on opère le bonheur des hommes. Jacquard éprouva des tracasseries, des vexations ; il fut abreuvé d'amertume ; sa vie fut plusieurs fois menacée. La Providence, qui lui avait donné une haute mission, l'avait doué d'un caractère ferme, d'une persévérance à toute épreuve. Il lutta péniblement, durant de longues années, contre l'intérêt individuel et l'envie plus inexorable encore, contre la frivolité maligne, l'incrédulité simulée ; il eut succombé sans doute, si l'œil d'aigle de

Napoléon ne se fût arrêté sur lui. Dès lors les clameurs se taisent, les obstacles s'aplanissent, et l'industrie adopte avec éclat le métier Jacquard. Les premiers qui s'en saisissent, arrivent facilement à l'opulence. « Ils sont devenus riches, disait un jour Jacquard, et je suis resté dans ma très-modique fortune. Je ne m'en plains pas ; il me suffit d'avoir été utile à mes concitoyens et d'avoir mérité quelque part dans leur estime. »

» — Votre ville, lui disait un étranger de haute distinction, n'a pas été à votre égard d'une grande munificence. — Oh ! c'est bien assez, répondit-il, je n'en ai pas tant demandé, et je n'en voudrais pas davantage.

» L'ont-ils entendu ces hommes insatiables, dont aucun honneur, aucun trésor ne peuvent jamais récompenser suffisamment leurs minces services ! Encore si c'était toujours des services réels, c'est-à-dire des bienfaits envers l'humanité !

» La richesse n'est rien aux yeux de Jacquard, et la gloire peu de chose. Le perfectionnement de l'industrie, la prospérité de la patrie, l'amélioration des destinées humaines : voilà l'idée dominante qui a rempli la vie de ce sage, de cet homme supérieur, de cet humble chrétien.

» La religion, dont il avait toujours suivi les préceptes et pratiqué la morale, est venue s'asseoir auprès de son chevet; elle a calmé de cruelles souffrances; elle lui a, de sa main divine, fermé doucement les yeux.

» Adieu, Jacquard! l'immortalité qui vient de commencer pour toi n'est pas cette immortalité périssable qui vit dans la mémoire des hommes; cependant, nous qui te survivons, et qui t'avons connu, admiré, aimé, il est de notre devoir de recueillir avec respect tes titres à cette immortalité terrestre, non pour toi, mais pour nous; car ta gloire si méritée, c'est notre héritage, c'est notre patrimoine, c'est le patrimoine et l'héritage des associations que tu honorais, et dont l'une parle en ce moment par mon faible organe. C'est le bien de la ville qui te donna le jour; c'est celui de la France, qui te placera parmi les grands hommes; car longtemps après que se seront évanouies une foule de célébrités scientifiques, littéraires et surtout politiques, la tienne subsistera parmi les peuples travailleurs, toujours plus pure et plus vénérée.

» Adieu, homme bon, sage et religieux autant qu'esprit supérieur, industriel éminent et mécanicien de génie!

» Adieu Jacquard! »

Alors la fosse se combla, et tous les assistants se retirèrent en répétant d'une voix mouillée de larmes : « Adieu Jacquard, adieu! »

Le premier hommage que l'on rendit à la mémoire de Jacquard fut une épitaphe, faite par les habitants d'Oullins, dans l'église même où le digne homme s'était si souvent uni à eux pour élever vers Dieu ses ferventes prières.

Cette épitaphe était ainsi conçue :

A la mémoire
de Joseph-Marie Jacquard,
mécanicien célèbre;
homme de bien et de génie,
mort à Oullins, dans sa maison,
au sein des consolations religieuses.
Au nom des habitants de la commune,
Hommage
du Conseil municipal
dont il a fait partie.

De son côté, le conseil municipal de Lyon, qui, du vivant de Jacquard, avait fait exécuter son portrait en pied par le directeur de l'école de peinture, fit placer ce chef-d'œuvre avec pompe dans l'une des plus belles galeries du muséum.

Une souscription fut ensuite organisée pour élever une statue digne du noble bienfaiteur de l'industrie lyonnaise, et bientôt une somme de douze mille francs se trouva à la disposition des membres de la commission.

Ce monument, ouvrage de M. Foyatier, a été inauguré le 16 août 1840, sur la place Sathonay. Un immense concours de curieux et d'admirateurs et toute la population lyonnaise se pressaient à cette imposante cérémonie.

« La place Sathonay, choisie par l'autorité municipale, est le lieu le plus heureusement situé, dit M. Fortis. Sur cette place, embellie par deux fontaines et par l'entrée principale du jardin des plantes qui s'élève en amphithéâtre, est un marché formant un point de réunion de la population ouvrière qui habite principalement ce quartier.

La statue de Jacquard a huit pieds de haut; elle est élevée sur un piédestal d'environ onze pieds; la figure de l'illustre ouvrier est un portrait fidèle de ses traits. Jacquard paraît avoir déjà dépassé l'âge de soixante ans; son visage est plein de noblesse : il tient dans sa main droite un compas, dans l'autre les cartons qui distinguent son métier; il en combine le percement pour les fils qui doivent y passer. La pose de la statue est parfaitement assortie au sujet. A ses pieds sont des outils pour la confection du métier, son plan, et une pièce d'étoffe.

Les ouvriers tisseurs de la fabrique de Reims ont fait, en 1852, donation d'une somme de 1,000 fr. provenant de leurs épargnes collectives, à l'église paroissiale et métropolitaine de Reims, pour la célébration à perpétuité d'une grand'messe, dite de Sainte-Marie, pour le repos de l'âme de Marie Jacquard, en reconnaissance des services éminents qu'il a rendus à toutes les fabriques de France.

Mais les hommages rendus à la mémoire de ce grand homme ne sont que comme des feuilles légères détachées de la glorieuse couronne que lui ont acquise ses nobles vertus et ses immortels travaux.

Imaginons-nous près de 50,000 métiers à la Jacquard qui, sur tous les points du monde, fonctionnent maintenant avec une activité merveilleuse sous l'œil intelligent de l'ouvrier, sans exiger de lui des efforts au-dessus de ses forces, et, levant nos regards vers les cieux, nous nous écrierons avec amour :

Vous seul pouviez récompenser dignement de telles œuvres, ô Dieu juste et puissant !

NOTICE SUR LAVOISIER

Pendant que le modeste créateur de la mécanique à tisser enrichissait l'industrie de ses merveilleuses inventions, Lavoisier faisait, en chimie et en agriculture, de savantes découvertes qui devaient contribuer puissamment à la prospérité de la science et au bien être de l'humanité.

Né à Paris le 16 août 1743, Antoine-Laurent Lavoisier, après avoir terminé d'une manière brillante, ses études au collége Mazarin, résolut de s'adonner spécialement aux sciences mathématiques et physiques, pour lesquelles il avait toujours eu un goût particulier.

Encouragé par son père, riche négociant qui ne reculait devant aucun sacrifice pour seconder les heureuses dispositions de son fils, il se mit aussitôt à étudier l'astronomie sous l'abbé de La Caille, à pratiquer la chimie dans le laboratoire de Rouelle, et à suivre Bernard de Jussieu dans ses herborisations et ses démonstrations botaniques.

Doué d'une intelligence d'élite et d'une activité infatigable, le jeune Lavoisier ne pouvait manquer de faire de rapides progrès sous la direction de tels professeurs : aussi n'avait-il pas encore vingt ans, lorsqu'il obtint ses premiers succès.

L'Académie des sciences ayant mis au concours la question de trouver, pour la ville de Paris, un mode d'éclairage plus efficace et plus économique, Antoine Lavoisier se mit aussitôt à l'œuvre. Afin de rendre ses yeux plus sensibles aux diverses degrés de l'intensité des lampes, il fit tendre sa chambre en noir, s'y enferma pendant six semaines sans voir le jour, et n'en sortit que pour aller déposer, dans les bureaux de l'Académie, un mémoire détaillé des savantes observations qu'il avait faites sur la question mise au concours.

Quelque temps après, il recevait le prix: mais, se contentant de l'honneur d'avoir réussi dans ses laborieuses recherches, il distribua la valeur de la récompense qu'il avait reçue, à trois pauvres artistes qui s'étaient livrés à des expériences dispendieuses dans l'espoir d'arriver à la solution du problème.

Ayant fait paraître ensuite plusieurs mémoires importants sur différents sujets de chimie, il fut dès lors mis au rang des savants les plus distingués, et en 1768, une place étant venue à vaquer à l'Académie des sciences, il fut élu d'une voix unanime.

Personne n'ignore que, de toutes les sciences, la chimie est celle qui nécessite les études les plus dispendieuses. Lavoisier le savait par expérience : aussi, dans l'intérêt de la science, se décida-t-il un jour à chercher le moyen d'augmenter sa fortune.

Une place de fermier général lui ayant été

offerte peu de temps avant son admission à l'Académie, il l'accepta avec joie, sans s'inquiéter des représentations que lui firent à ce sujet ses collègues et ses amis, qui tous le virent avec peine se charger de fonctions en apparence si peu en rapport avec l'élévation de son esprit. Ils le crurent perdu pour la science, mais ils se trompaient, comme le dit éloquemment l'illustre Cuvier dans une étude qu'il fit des travaux de Lavoisier et des découvertes précieuses dont il a enrichi la science.

« Bientôt, dit Cuvier, on se convainquit qu'un esprit si bien ordonné n'avait besoin chaque jour que de quelques instants pour les affaires et que rien ne l'empêcherait d'employer la plus grande partie de son temps et de ses forces à des recherches scientifiques. Il y travaillait en effet plusieurs heures, le matin et le soir, et un jour de la semaine était consacré en entier à constater par des expériences les vues qu'avaient fait naître ces études et ces méditations.

Ce jour était pour Lavoisier celui du bonheur. Dès le matin il réunissait dans son laboratoire quelques amis éclairés dont il réclamait la coopération ; il y admettait même des jeunes gens en qui il avait reconnu de la sagacité, et les ouvriers les plus habiles à fabriquer des instruments exacts. Dans ces conférences, il faisait part de ses plans avec une grande netteté ; chacun des assistants proposait ses idées sur les moyens d'exécution, et tout ce qu'on imaginait de plausible était aussitôt mis à l'épreuve.

Marié à une femme qui savait apprécier la valeur de ses travaux scientifiques et qui se faisait un plaisir de lui venir en aide dans le gouvernement de son immense entreprise agricole, Lavoisier s'estimait le plus heureux des hommes et ne songeait qu'à rechercher les moyens d'utiliser au profit de l'humanité les bienfaits et les bénédictions dont le favorisait la divine Providence.

« On avait découvert déjà que la combustion de l'air inflammable donne de l'eau pour produit. S'emparant de cette idée féconde, Lavoisier établit par de belles expériences que l'eau peut se décomposer en air inflammable et en air respirable, et il appliqua bientôt cette donnée à tous les êtres qui existent dans la nature. L'excellence de la méthode qu'il avait adoptée pour toutes ses opérations fut pour lui un levier puissant; l'on doit même regarder cette méthode comme l'un de ses plus beaux titres de gloire, puisque c'est très-certainement par elle que la chimie a passé, de science toute conjecturale qu'elle était auparavant, à l'état de science exacte.

« De nouvelles choses exigeaient de nouveaux mots. En 1787, voulant débarrasser la chimie des termes barbares que lui avait légués l'alchimie, il publia sa *Méthode de nomenclature chimique*, et mit le sceau à sa réputation en publiant en 1789 un *Traité élémentaire de chimie* orné de belles planches dues à Mme Lavoisier.

Mais ce n'était pas seulement en faveur de la science que se déployait le zèle dévoué de l'illustre savant. Comme administrateur d'immenses propriétés, il s'appliquait avec ardeur à approfondir toutes les questions agricoles et à en améliorer l'expérience journalière.

C'est ainsi qu'il arriva, par une pratique éclairée, à doubler les produits du blé et à quintupler ceux des troupeaux, ce qui lui valut bientôt, comme agriculteur, une confiance égale à celle dont il jouissait comme savant.

La compagnie des fermiers généraux le chargea des affaires les plus difficiles, et il rendit des services à la fois utiles au peuple et au gouvernement, en faisant supprimer des impôts qui, sans être d'un grand produit pour l'Etat, étaient fort onéreux pour les classes malheureuses.

En **1776**, nommé par Turgot, membre de la régie que ce ministre venait de créer pour la récolte du salpêtre et la fabrication de la poudre, il procura une augmentation considérable de salpêtre et une amélioration sensible de la poudre. Notre poudre, qui auparavant était moins forte que celle des Anglais, lui devint supérieure.

Leurs marins le reconnurent pendant toute la guerre d'Amérique et en rendirent témoignage dans les papiers publics. On assure que la portée fut augmentée d'un quart.

Mille faits semblables pourraient être cités

pour prouver l'empressement que mit toujours ce grand homme à utiliser, en faveur de son pays et de l'humanité tout entière, les vastes connaissances qu'il avait acquises si laborieusement; nous nous bornerons à n'en reproduire que quelques-uns.

Il fut nommé, en 1787, comme grand propriétaire dans la généralité d'Orléans, membre de l'assemblée provinciale; et, non content d'aider cette assemblée de ses conseils et de ses travaux, il s'empressa, au moment des intempéries de 1788, d'avancer à la ville de Blois une somme de 50,000 fr. pour acheter des blés. Se transportant aussitôt sur les lieux, il fit lui-même les distributions, et y mit tant de prudence et d'habileté que cette ville échappa à la famine qui désola tout le reste du royaume et le couvrit de désordres.

Ce fut pour son cœur généreux un bien pénible spectacle que cette foule affamée qui se pressait sur ses pas et réclamait du pain d'une voix lamentable; mais il ne se découragea pas un seul instant; à l'exemple de saint Vincent de Paul, il avait le ferme espoir que

Dieu viendrait en aide à son zèle, et il continuait son œuvre avec calme, fortifiant les malheureux par des paroles de paix et de consolation.

Vers cette époque, la France entière, provoquée par son roi, s'occupait des améliorations dont le gouvernement et l'administration paraissaient avoir besoin.

Lavoisier crut devoir payer son tribut à l'intérêt de son pays, et se mit aussitôt à rédiger un ouvrage ayant pour titre *Traité de la richesse territoriale de la France*, traité qui est une sorte de modèle de la manière, dont on pourrait exposer les faits de l'économie politique en tous temps et en toutes situations.

Enfin l'Académie l'ayant choisi pour être l'un des membres de la commission chargée de régler les nouvelles mesures, il s'acquitta de cette importante mission avec un zèle et une intelligence qui ne pouvaient manquer d'en assurer le succès.

Une vie si vertueuse et si utilement employée aurait dû trouver grâce devant les fureurs des hommes; mais les passions révolutionnaires peuvent entraîner les esprits si loin de tout principe de justice, que l'illustre Lavoisier, malgré les immenses services qu'il n'avait cessé de rendre à la société, devait être victime de la terrible tempête qui grondait alors sur la France.

Compris dans la proscription des fermiers généraux, il fut l'un des 28 de ces infortunés que le tribunal révolutionnaire condamna à mort comme coupables d'avoir mis dans le tabac de l'eau et d'autres ingrédients nuisibles à la santé des citoyens.

Le jour où les fermiers généraux furent arrêtés, Lavoisier était de service à l'un des postes occupés par la garde nationale. Ses amis, justement alarmés, s'empressèrent d'aller le prévenir et le supplièrent de ne point rentrer chez lui. Il suivit leurs conseils, et, après avoir erré dans Paris pendant plusieurs heures, il accepta un asile que lui offrit un des huissiers de l'Académie des sciences dans l'enceinte même de cette académie.

Ayant fait prévenir sa femme qu'il se trouvait en sûreté, il se remit aussitôt à ses laborieux travaux, et s'y livra avec une telle ardeur qu'il finit par oublier complètement qu'une condamnation à mort planait sur sa tête.

Près d'une semaine se passa ainsi pour l'illustre savant, dans des expériences dont les résultats auraient pu être on ne peut plus utiles à l'industrie de son pays. Malheureusement on vint lui apprendre que tous ses collègues étaient arrêtés ainsi que son beau-père.

A l'instant il abandonne son travail, et court chez ses amis leur annoncer qu'il croit de son devoir de se rendre en prison afin de partager le sort des autres fermiers généraux.

En vain chercha-t-on à le détourner de ce fatal projet. Il se serait cru coupable d'une lâcheté s'il ne l'avait mis à exécution, et son grand cœur se révoltait à cette pensée.

» Ses amis espérèrent encore un moment, dit Cuvier, que sa renommée dans les sciences inspirerait de l'intérêt; on se reposait sur les instances que quelques savants paraissaient à portée de faire en sa faveur; mais la terreur glaçait tous les cœurs; personne n'osa en parler aux juges. Un citoyen courageux, Hallé, osa seul tenter un effort public ; il se hâta de faire, au lycée des arts, un rapport sur ce que les découvertes de ce grand homme avaient d'utile, et ce rapport fut produit au tribunal sans obtenir le moindre résultat.

Pendant ce temps, Lavoisier continuait courageusement à se livrer à ses savantes études, et ne paraissait nullement se rappeler qu'il se trouvait entre les murs d'une prison, dont les portes ne devaient plus s'ouvrir pour lui que quand l'heure de sa mort serait sonnée.

Un matin cependant, sur les vives instances de l'un de ses anciens professeurs, il se décida à s'arracher un instant à ses travaux pour adresser lui-même une demande à ses juges : il réclamait un delai de quelques jours, afin, disait-il, de pouvoir terminer des expériences salutaires à l'humanité.

— La patrie n'a plus besoin de savants, lui fut-il répondu par le chef du tribunal révolutionnaire, et dès lors il dut s'attendre, d'un moment à l'autre, à être conduit au supplice. Son ardeur au travail ne se ralentit pas pour cela ; il semblait même attacher plus de prix que jamais au temps trop court, hélas ! qu'il devait encore passer en ce monde.

Travaillant nuit et jour, il ne se permettait quelques instants de repos que pour songer à Dieu et se recommander à sa clémence. En face de cette vie éternelle qui désormais était l'unique espoir de son âme, il mettait aux pieds du souverain Juge, comme une agréable offrande, et ses laborieux travaux, et les œuvres charitables qu'il avait eu le bonheur d'accomplir sur cette terre ; et son cœur attendait avec calme l'heure suprême de la mort ; car il entrevoyait lumière et miséricorde dans cette existence future où tant d'autres ne voient que ténèbres et expiation.

On venait de lui lire l'arrêt fatal.

Une heure encore.... et il allait à jamais quitter ce monde. Droit et immobile au fond de son cachot, il contemplait, dans la noble attitude de la résignation, les feuilles à demi tracées et les divers objets qui se trouvaient là épars comme d'éloquents témoins de sa courageuse activité, et des larmes s'échappaient malgré lui de son cœur oppressé.

Tout à coup des pas nombreux se font entendre dans les longs corridors; il écoute et croit que déjà on vient le chercher pour le conduire à l'échafaud; mais, la porte de sa prison s'étant ouverte, une douzaine d'hommes, aux visages amis, s'avancèrent vers lui, et l'un d'eux lui dit, en lui présentant une couronne :

« Au nom des membres du lycée des arts, recevez ce gage de notre admiration et de nos regrets éternels, illustre et vertueux Lavoisier! Puisse votre nom être à jamais glorifié dans les cieux et vénéré sur la terre! c'est le vœu que forment nos cœurs en ce douloureux moment de suprême séparation. »

L'illustre condamné serra sur sa poitrine cette couronne qui lui était offerte par des mains si chères, et, réunissant toute son énergie pour surmonter la violence de son émotion, il remercia chaleureusement ses visiteurs des précieuses consolations qu'ils venaient de verser en son âme.

« Là-haut, nous nous reverrons un jour, » leur dit-il en leur montrant le ciel d'un geste plein d'une sainte dignité.

Tels furent les derniers moments de l'un des savants les plus remarquables du XVIIIe siècle, de l'homme qui avait consacré sa vie et sa fortune entière à des travaux utiles au genre humain, et qui regrettait, en mourant, de ne pouvoir le servir encore.

Il mourut le 8 mai 1794, à l'âge de 51 ans, et Robespierre tomba le 27 juillet de la même année.

« La mort déplorable de Lavoisier, dit Cuvier, remplit le monde savant d'horreur et d'effroi. En effet, on ne peut sans frémir faire la réflexion qu'un délai de quelques semaines qui, même au milieu des fureurs de ce temp - là, n'aurait rien eu d'extraordinaire, l'eût conduit à l'époque où les assassinats cessèrent. »

La veuve de Lavoisier, qui a depuis échangé ce beau nom français contre le titre étranger de comtesse de Rumford, et qui a survécu longtemps encore à ses deux célèbres maris, a réuni et publié en deux volumes les Mémoires et fragments auxquels Lavoisier travailla dans sa prison jusqu'à sa dernière heure.

« Monument touchant, dit Cuvier, que ces dernières lignes de l'homme de génie écrivant à la vue de l'échafaud, ces volumes mutilés, ces discours interrompus au milieu d'une phrase, et dont la suite est perdue pour toujours ! »

FIN

— LILLE. TYP. J. LEFORT. MDCCCLXIX. —

A LA MÊME LIBRAIRIE :
EN VENTE :
LES FASTES MILITAIRES
DE LA FRANCE
PAR A. S. DE DONCOURT
1 vol. gr. in-8°
Prix br. : 4 fr.
LES PARFUMS DE LA VIE
PAR LE MÊME
In-8° — Prix br. : 1 fr.
Envoi franco contre mandat de poste
ou timbres-poste.

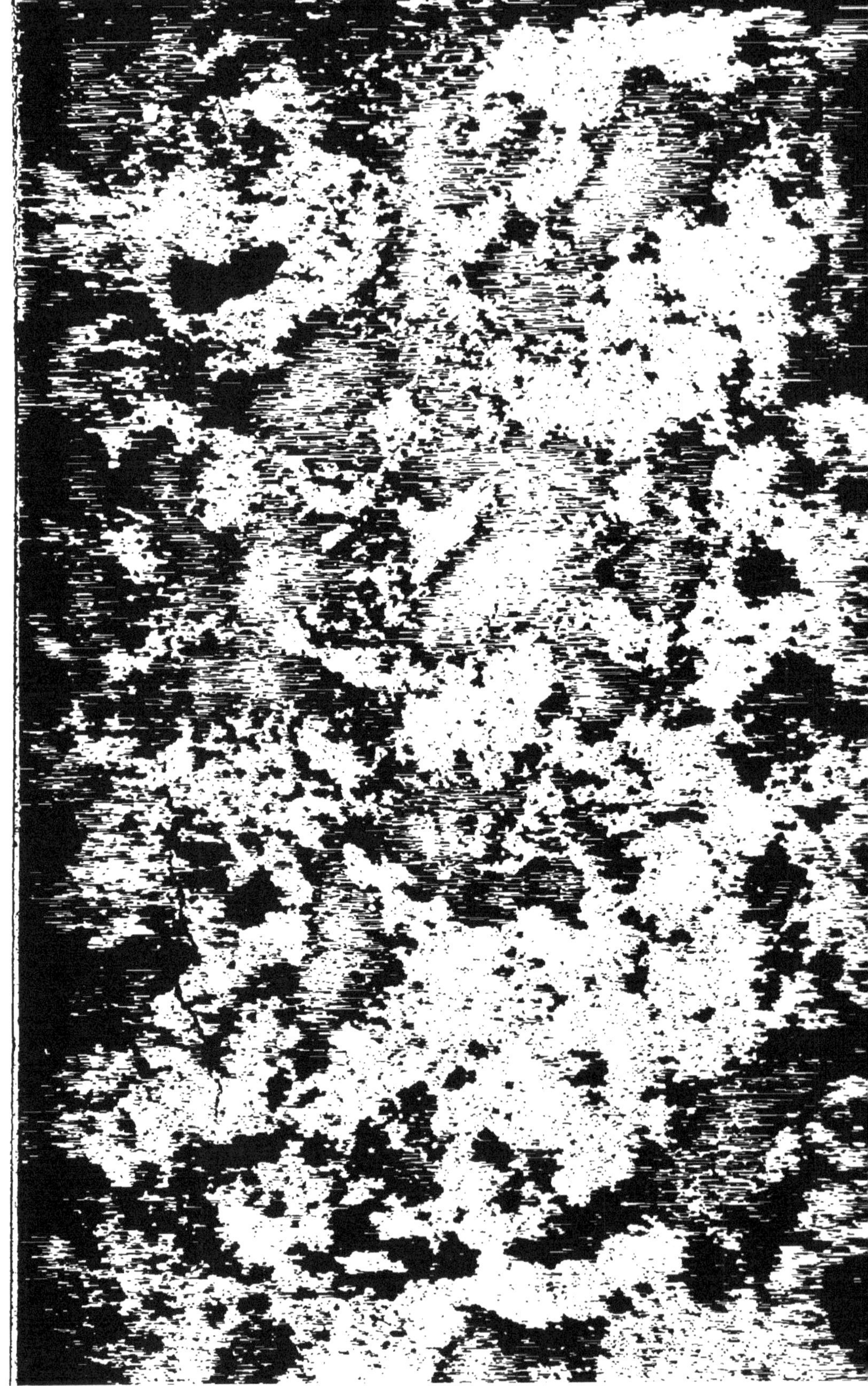

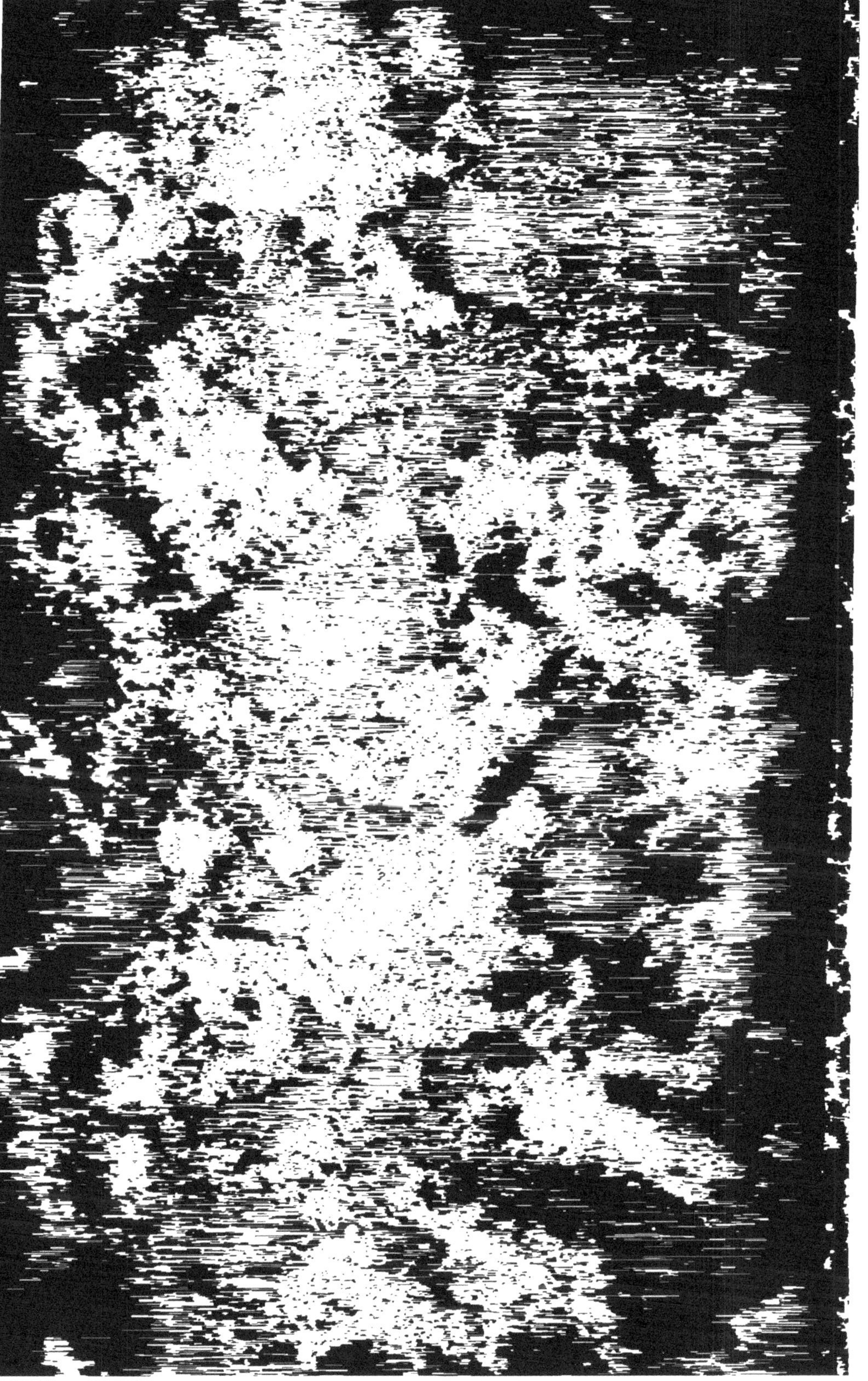

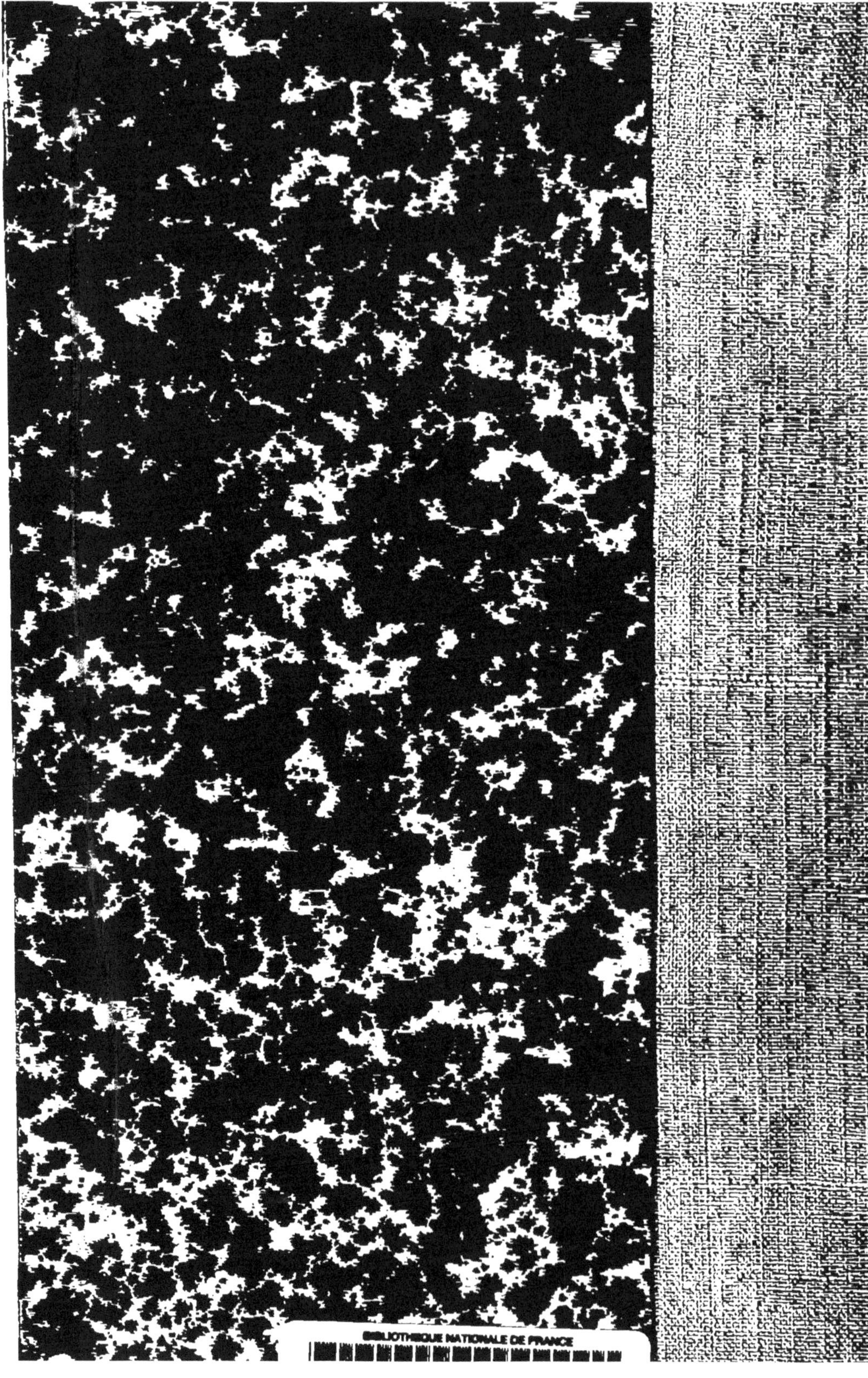
BIBLIOTHEQUE NATIONALE DE FRANCE

www.ingramcontent.com/pod-product-compliance
Ingram Content Group UK Ltd.
Pitfield, Milton Keynes, MK11 3LW, UK
UKHW020251250726
13967UKWH00004B/1621

9 782011 776242